日本の教育学の祖・
日高真實伝

平田宗史

溪水社

日高真實

明治20年9月

徳永　満之　氏
上田　萬年　氏
日高　真實　氏
岡田　良平　氏
沢柳政太郎　氏

明治19年９月２日　真實と友人たち

林　権介　氏
沢柳政太郎　氏
日高　真實　氏
石塚　英蔵　氏
松本源太郎　氏

富士登山記念（明治18年９月20日）

沢柳政太郎 氏
平田 譲衛 氏
平山 信 氏
能勢 静太 氏
大島富士太郎 氏
木内 重四郎 氏
島田 剛太郎 氏
板倉 銀之介 氏
日高 真實 氏

(裏　面)

(前　面)

日高真實の墓

日高真實が眠っている青山墓地

(平成14年２月21日撮影)

日高真實の履歴書

（筑波大学蔵）

高等師範學校教授兼文科大學教授 日高真實

宮崎縣士族舊高鍋藩舊名日高甲子郎

元治元年甲子九月十七日日向國児湯郡上江村ニ於テ生

年號	月日	學業官職進退賞罰等	當該官衙等
明治八年	十一月	東京英語學校ニ入リ英語學修業	
同 十年		東京英語學校東京大學豫備門トナルニ際シコレニ轉ス	
同十五年	七月	東京大學豫備門卒業東京大學部ニ入學	
同十九年	七月十日	文科大學哲學科卒業	
同 年	同月十三日	大學院ニ入リ教育學ニ關スル事ヲ研究ス	
同廿年	九月十四日	大學院ヲ退ク	
同 年	同月十六日	文科大學ニ於テ英語學授業ヲ囑托セラレ報酬トシテ一ケ月金參拾五圓贈貽セラル	帝國大學
明治廿一年	七月三日	教育學修業トシテ満三年独逸國留學ヲ命セラル	文部省

履歴用紙　高等師範學校

同廿五年	二月廿八日	歸朝	
同年	三月十六日	高等師範學校教授兼文科大學教授ニ任セラル	同上
同年	同月同日	本官ニ對シ五級俸下賜但当分年金ノ拾円支給	同上
同年	同月同日	兼官ニ對シ九級俸三分一下賜	同上
同廿六年	一月廿六日	京都府及滋賀縣各尋常師範學校尋常中學校ヘ出張ヲ命ス	同上
同年	五月十七日	四級俸下賜内 金千圓 高等師範學校ヨリ支給 金四百圓 帝國大學ヨリ支給	同上
同年	九月九日	免兼官	内閣
同年	同月十一日	六級俸下賜	文部省
同廿七年	五月十五日	五級俸下賜	同上
同年	同月廿六日	非職ヲ命ス	内閣
同年	八月廿三日	死去ス	
同年	九月十四日	非職高等師範學校教授日高眞實在官中死去候ニ付年俸三分ノ一下賜	文部省

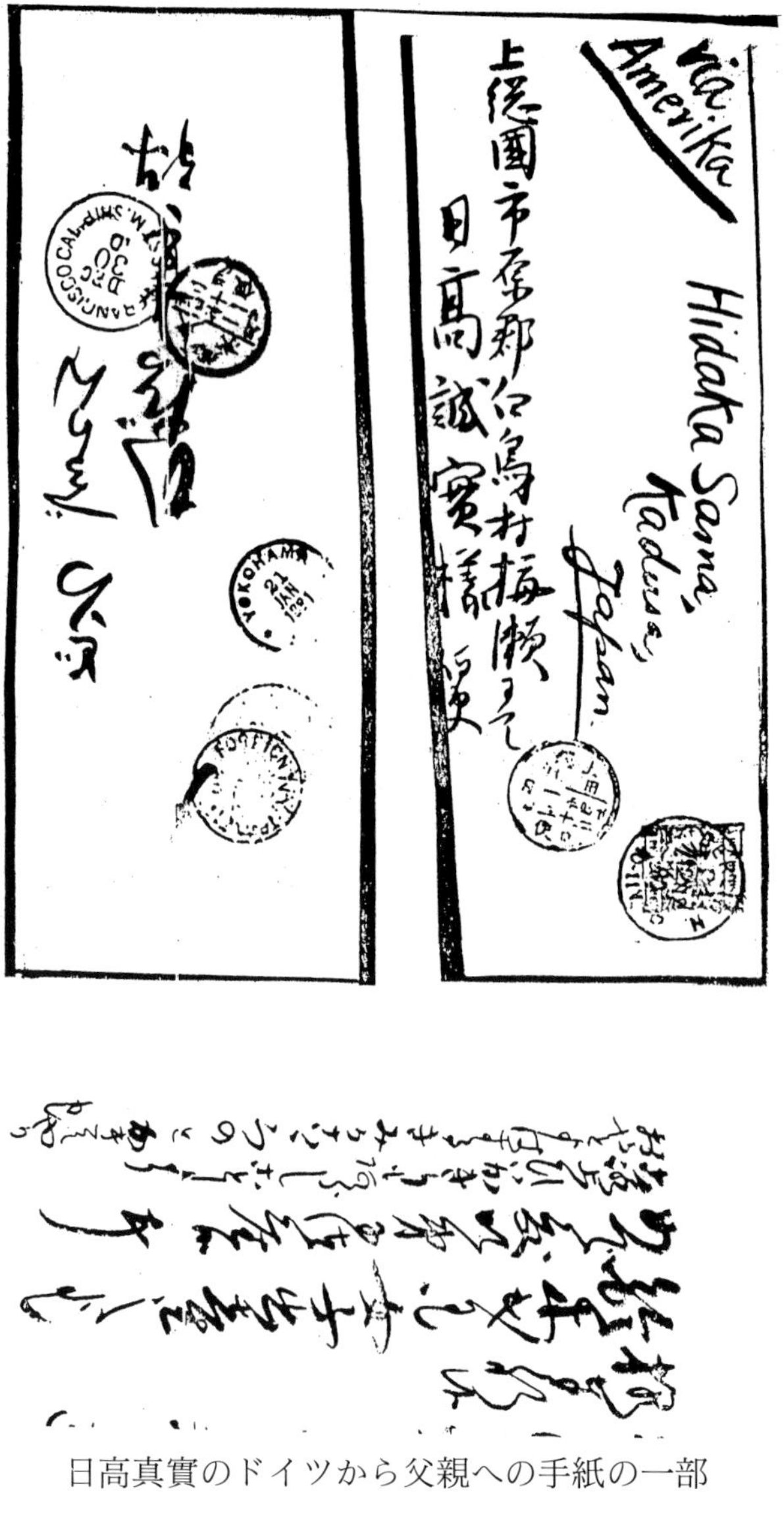

日高真實のドイツから父親への手紙の一部

父宗俊・母ユキコに捧ぐ

はじめに

私が、日高真實の名前を知ったのは、『教育人名辞典』（理想社　昭和三十七年二月二十日）の「日高真實」の項においてである。ここにおいて、日高真實は、つぎのように書かれている。

「ヒダカシンジツ　日高真實（一八六五～一八九四）（元治一～明治二十七）

宮崎県に生る。一八八六年（明治十九）東京帝国大学文科大学哲学科卒業、大学院にはいり、教育学を研究。一八八八年（明治二十一）七月、ドイツに留学、教育学を研究して一八九二年（明治二十五）二月帰国。帰国後東京高等師範学校教授兼東京帝国大学文科大学教授となったが、間もなく病魔に冒されて、三十一歳で没。彼は早くから教育学を研究し、『日本教育論』、『教育に関する研究』などの著書を公にした。『日本教育論』（一八九一、明治二十四）は、わが国における社会的教育学の先駆とみられている。上下二編にわかれ、前編は「教育の想念」と題し、教育の意義・教育と社会との関係・教育と国家との関係などの諸項目にわたって教育の根本原理を述べ、後編はわが国教育上の実際問題に関して意見を述べている。彼にその萌芽を発したわが国の社会的教育学は、その後のヘルバルト学説によって一時衰退したが、のち熊谷五郎、吉田熊次らによって再び提唱された。(1)」

注目したのは、「宮崎県に生る。」という一句である。日高という姓は、宮崎県に多い。宮崎県と言っても、その地域は広く、宮崎県のどの地域であるのかと、考えは広まる。彼が生まれたのは、私の郷里の隣町の高鍋町であることが分かった。私の祖先も、高鍋藩の藩士であったので、彼と同じく、藩校で学んだのではないかと、想像する。ただ、彼は超秀才であるのに対し、私の祖先は、普通の人間であったであろう。

日高真實は、私にとって、郷里の大先輩であり、教育学研究の大先達であることが分かった。いつの日にか、真實の伝記を書こうと思うようになって、約四〇年となった。

その間、榑松かほる氏の論文、「日高真實における教育学の形成－日本教育学説の一端緒」（『教育学研究』第四八巻第二号　昭和五十六年六月）が発表された。少しガッカリしたが、それでも史料収集に努め、当時、大学院生であった松本欲司氏（現鹿児島高専教授）と共同研究をし、「日高真實の教育論」（『福岡教育大学紀要』第四二号第四分冊　平成五年二月）を発表した。

以上の先行研究をふまえながら、筆者は、真實の伝記を出版することとした。真實の人間形成を考える場合、重要な要素は、彼が生をうけた高鍋藩であり、日高家であり、彼が育った幕末から明治中期までの時代である。また、学生時代の教師と友人、そして、ベルリン大学への留学である。それらを通して、真實が、人間を形成し、教育学をいかに形成したか、そして、彼の日本教育史上の意義を明らかにすることを目的とする。

この本は、これまでの自著の中で、一番の小著である。小著であっても、その作成および出版において、やはり、実に多くの人々のお世話になった。福岡教育大学附属図書館の人々、筑波大学附属図書館の人々、高鍋町立図書館の人々、個人的には、昨年故人となった母と、小学校時代、同級生であったという石川正雄先生、真實の血縁者であられる日高茂實、明實の両氏、給料が安く、研究費の乏しい時代、上京の折、泊めてくれて励ましてくれた河野悟・侑子の姉夫婦、出版に際しては、渓水社社長木村逸司氏である。

その中で、宮崎県の片田舎に生まれ、駑馬である筆者を、小著を出せるまでに育ててくれた、父宗俊、母ユキコに感謝するとともに、この小著を両親に捧げたい。

注（1）この辞典には、かなりの間違いがある。

イ、名前の呼び方

ロ、「東京帝国大学文科大学哲学科卒業」、「帰国後東京高等師範学校教授兼東京帝国大学文科大学教授」、正確には、傍線の部分はいらない。

ハ、「三十一歳で没」は、満二十九歳で没。

ニ、「教育に関する研究」は、「教育に関する攻究」である。

これは、藤原喜代蔵著『明治・大正・昭和教育思想学説人物史』第一巻　明治前期編　東亜政経社　昭和十八年七月二十八日（再版）を参考にして書かれたものであろう。

日本の教育学の祖・日高真實伝

目　次

日本の教育学の祖・日高真實伝

第一章　訃報と弔辞

第一節　雑誌にみる訃報

日高真實は、一八六四年十月十七日（元治元年九月十七日）に生まれ、一八九四年（明治二十七）八月二十日、逝去する。言うまでもなく、彼の逝去を悼む者は多い。家族ばかりでなく、恩師、友人、郷土の人々等である。当時、全国的に名を知られた教育雑誌の『教育時論』は、彼の逝去について、つぎのように報道している。

「日高真實氏の逝去　我国にて教育学を理論的に研究し、之を以て終生の事業と為さんと力めたりしは、当今に於て、ひとり文学士日高真實氏を推したりしに、氏は先月二十日、いたはしくも肺患を以て不帰の客となれり。教育界の為めには、実に一大不幸なりと云はざるべからず、氏が肺患は、先年教育学専攻のため、独逸に留学せし際、過度の勉強を為せしに兆せしといえど、帰朝後帝国大学と、高等師範学校との教育学を多分に担当せしこと、其重なる原因となりしと云ふ。氏は丁寧周密の人なりし故、少しも胡麻化すが如きことを為さず、講義するに当りては、手の届かん限り、之が調査に従事せしを以て、夜は十二時を過ぎざれば寝ねず、朝は必東天の白む頃に置き出て、孜々其職務を果すことを力め、其極右の病を得、病蓐にあること殆ど二年、遂に今回の訃音を聞くに至りしとぞ、傷むべく又惜むべきの至りと云ふべし(1)」

この訃報の最大の特徴は、前途有為の日高真實が若くして亡くなったことに対する追悼の意を表明していることにあるが、その他、つぎの点には、注目すべきであろう。

一つは、教育学研究を終生の仕事と考えた最初の人であること。

二つは、肺患で亡くなったのは、留学中、および、帰国後の猛勉強の為だということ。

三つは、帰国後、帝国大学および高等師範学校で教育学を担当したこと。

四つは、胡麻化すことをしない、非常に真面目な性格であったこと。

つぎに、「日高文庫設立につき広告」(『大日本教育会雑誌』第一五六号　明治二十七年十月十五日)の中で、つぎのように記している。

「凡そ世間のこと有為有望の士か大志を斎して早折するより哀しきはなし而して生等今文学士日高真實に於て之を見る哀哉

君か一昨年の春を以て帰朝し高等師範学校教授兼文科大学教授に任せらるゝや一意其職掌を勤めその講義の準備をなす夜々午前一二時に至る友人皆その身体を傷ふを患へて忠告す君も亦之を悟らさるにあらす而も曰く余浅学非才なりと雖も苟も職も教授の任にあり教誨誘掖其宜を得ると否とは是れ余か責なり努めて猶ほ及はさるは奈何ともすへからさるも力の及ふ限は之を尽さゝるを得すと遂に大に健康を害し昨年二月病に臥

す実に教授に任せられてより未た一年ならさるなり爾来治療看護其方を尽すこと一年半余竟に八月二十日を以て順天堂病院に没す享年僅に三十」[2]

この訃報も、先ず真實の死を悼んでいるが、この訃報の特徴は、つぎの点にある。

一つは、帰朝後、高等師範学校兼文科大学の教授になったこと。

二つは、講義の準備等に追われ、健康を損なうことになったこと。

さらに、東京大学時代、哲学を専攻していたので、『哲学雑誌』（九の九一、明治二十七年）は、つぎのように報道している。

「○前文科大学教授文学士日高真實君逝く。君は宮崎県の生まれにして幼より穎悟夙に出藍の誉あり。長ずるに及んで笈を負ふて東都に出で蛍雪の苦を積て大学予備門に入り明治十六年進んで大学に入りて哲学科を修め十九年七月こゝを卒業して大学院に入りて教育学を専攻せり。君は実に帝国大学令発布後はじめての卒業生なり。即ち君は帝国大学最初の卒業生にしてまた大学院入学の卒先者なりしなり。卒業の翌年文科大学英語学授業の嘱託を受け二十一年七月抜擢せられて教育学修行の為め独国へ留学を命ぜられる。学成りて二十五年二月帰朝し高等師範学校兼文科大学教授に任ぜらる（兼官は昨年九月免ぜらる。）君独逸に在るや孜々として其学の蘊奥を究めて倦むことなく、また鋭意独国教育の現状を観察して怠ることなかりし、之れが為め遂に肺患に罹るに至れり。帰朝後精勤勉励教授の職を尽して其身に病あるを知らざるものゝ如し、職閑また筆を取りて日本教育制度を論ぜり着眼奇警議論周到甚だ見るに足る。而して病漸進して客年の二月に至りて病勢頓に重きを加へたり。君これより多く病床を離るゝを得ず、治療怠りなかりしが薬石功を奏せず、去月廿日終に溘然として長逝せり。行年僅かに三十一。春秋に富み、学識に富み、才に長じ気に勝るの身を以て君今輙ち逝く。豈痛惜に堪へんや。思ふに君にして病魔の犯す所とならず、天また君に齢を仮すに吝ならざれば、必らずや其造詣する所大に見るべきものあらむ、而して君今や乃ち亡す嗚呼哀哉(3)」

前述の二つの訃報と異なるところは、彼の出生地の宮崎県から始まり、彼が亡くなるまでの経歴を簡にして、要を得て書いてあることである。

最後に、彼の郷土の雑誌である『高鍋郷友会報告』（第一八号　明治二十八年三月）は、真實の訃報をつぎのように報道している。

「●日高文学士　文学士日高真實君ニハ予テ肺結核病ニ罹ラレ久シク療養中ナリシ処薬石効ナク遂ニ客年八月溘焉逝去セラレタリ君ハ郷友中有数ノ才子ニシテ夙ニ厳父如淵居士ノ教育ヲ受ケ漢籍ニ通シ後東京英語学校文科大学等ニ於テ漢洋ノ書ヲ学ヒ亦之ニ達セリ大学卒業後大学院ニ於テ専ラ哲学中教育ニ関スル事項ヲ研究セラレシカ後命ヲ受ケ独逸ニ遊学シ蛍雪ノ効空シカラス目出度帰朝セラレ高等師範学校文学（ママ）筆者注（科の誤り）大学ニ教授タリシカ非常ナル勉強ノ結果遂ニ病魔ノ犯ス所トナリ万人ノ涙ノ中ニ遠逝セラレシコソ最トモ悲シキ限リナレ君既ニ逝ケリ青山墓地近衛兵営ニ対シ一新墓ハ建テラレヌ嗚呼哀哉君ノ履歴ノ大要左ノ如シ

日高真實

元治元年九月十七日生

明治九年東京英語学校ニ入学　同十年同校ノ東京大学予備門トナルニ及ヒ自然之ニ移ル　同十五年東京大学文学部ニ入リ哲学ヲ修ム　同十九年文科大学卒業大学院ニ入リ哲学科中教育ニ関スル事項ヲ研究ス　仝二

十一年七月独逸国留学ヲ命セラル　同二十五年二月帰朝　同年三月高等師範学校教授兼文科大学教授ニ任セラル、高等師範学校教授トシテ五級俸（但当分千円支給）文科大学教授トシテ四百円支給セラル　同二十六年五月四級俸下賜　同九月兼官ヲ免セラル　仝六級俸下賜（同二十七年八月逝去）(4)」

この訃報からは、前掲の三つと異なり、幼少の頃から漢学者である父から漢学の指導を受け、郷土の期待を担っていたことが察せられる。

注（1）『教育時論』第三三八号　明治二十七年九月五日　二七〜二八頁。
（2）『大日本教育会雑誌』第一五六号　明治二十七年十月十五日　五頁。
（3）『哲学雑誌』九の九一　明治二十七年　七二二〜七二三頁。
（4）『高鍋郷友会報告』第一八号　明治二十八年三月　二三頁。

第二節　外山正一の弔辞

外山正一は、日高真實の恩師である。日高が亡くなった時、弔辞を読んだのは、彼である。彼の経歴を見てみよう。

彼は、一八四八年十月二十三日（嘉永元年九月二十七）、江戸小石川柳町に生まれる。幼少においては、漢学と武術を学んだ。一八六一（文久元）年には、蕃書調書に入って英学を学ぶと同時に、箕作麟祥の塾でも、それを学ぶ。学進み、開成所教授方となる。一八六六（慶応二）年、幕府の留学生として渡英、二年後の一八六八（明治元）

年、帰朝し、静岡学問所の教授となった。一八七〇（明治三）年十月、弁務少記として米国に派遣され、森有礼の下で、外交の仕事に携わった。一八七二年二月には、職を辞め、ハイ・スクールに入り、普通学を一カ年半学ぶ。一八七三年九月、ミシガン大学に入り、哲学、理学を修業し、一八七六（明治九）年五月帰国する。同時に、東京開成学校教授に任命される。一八七七（明治十）年四月、東京大学が設置されると、文学部教授に任命される。その後、一八八一（明治十四）年、文学部長、一八八六（明治十九）年三月には、東京大学総理事務取扱となる。その間、彼は、英語・英文・論理学・心理学・西洋歴史等を講じた。彼は、日高真實の大学生時代の恩師である。外山は、その後、一八八八（明治二十一）年、文学博士の学位を得、一八九七（明治二十七）年、（東京）帝国大学総長、翌年、文部大臣となる。そして、一九〇〇（明治三十三）年三月八日、亡くなる。経歴を見ても分かるように、外山正一は、日高真實にとって、恩師でもあり、上司でもあった。彼の弔辞は、つぎのとおりである。

「弔辞（明治二十七年八月二十二日作）

諸行の無常なるは人皆之を知る。死生命在るは又之を知らざる者なし。然れども。有為多望の士の不幸短命にして死するを見れば。何人も之を悲まざる能はず。其の人の為めに哀むなり。親戚朋友の為めに哀むなり。国家の為めに哀むなり。

今や文学士日高真實君の遠逝に当て。殊に哀惜に堪えざるものあり。

篤実は人に最も欠くべからず性質なり。然れども。之を具ふるの人未だ世に多きに非らず。勉強は事を成就するに最も必要なる条件なり。然れども。勉強家は世に多なるにあらず。学才は学者の最も多く有するを欲する所なり。然れども。其の乏しきを憂ふる者実に少なしとせず。

日高君の如きは。其性質極めて篤実にして。且つ頗る学才ありて。而かも勉強心に富まれたる者なりき。

君の学生として大学に在るや。品行方正学力優秀を以て常に称せられたり。

君の特性にして就中賞讃すべかりしは。世人動もすれば奢侈に流れ易き今日に於て。常に極めて質素を旨とし。官禄位階あるの日に至ても。昔日学生生徒たりし時と。少しも異なる事なかりしの一事なり。

然れども。君の遠逝に際して。大学及び国家の為めに更に愁ふべき者あり。

本邦教育の事業たる。稍ゝ完全に赴きたりと雖も。改良を加ふべきの点尚ほ決して少なからず。蓋し。教育学の未だ充分に研究せられざるが為めなり。

教育学者を以て自ら任ずる者。輓近本邦に少なからず。然れども。深く哲学を修め。其基礎に依って教育学の実践考究を謀りたるは。実に君を以て嚆矢とす。

君の海外に於て。深く教育学を修めて帰朝せらるゝに当てや。大学は実に良教師を得。

教育界は無比の研究家を得たり。

是に於て。本邦の教育学は将に大に勃興せんとしたり。

然るに。此の多望ある学士は。忽地にして遠逝せられたり。

左なきだに哀を催す秋の時に。良夫を失へる妻あり。孝子を失へる親あり。良友を失へる友あり。良師を失へる学生あり。国家は良公民を失ひたり。大学は良教授を失ひたり。教育界は熱心なる研究家を失ひたり。

実に悲の至に勝えざるなり。(1)」


外山正一は、真實の死を悼んで、以上のような弔辞を述べているが、それをまとめてみよう。

一つは、きわめて篤実の性格で、かつ、頗る学才があり、しかも、勉強心に富んでいたということ。

二つは、学生時代、品行方正学力優秀であったこと。

三つは、帝国大学教授となっても、学生時代と変わらず、常に、極めて質素であったこと。

四つは、教育学者を以て自ら任ずる者は少なくないけれども、深く哲学を修め、その基礎の上にたって教育学の実践考究を謀りたる嚆矢であること。

外山の弔辞の内容は、以上のように、まとめられる。

また、真實の友人であり、義兄弟でもあり、明治・大正時代の教育学に大きな足跡を残した沢柳政太郎は、後年、彼について、つぎのように述べている。

「日高はあらゆる方面より見て完全なる人であった。しかも各方面に抜群の長所をもって居った。予が縷々日高にして生きて居ったならと云う愚痴を繰り返すのも決して無理ではなかろうと信じる。(2)」

以上、訃報、弔辞、回想等を通して日高真實を見てきたのであるが、どれも、彼は、学識、識見、人格等、大変秀れていたという。お世辞とは、思えない。名のとおり真実であったであろう。

それでは、真實のような人物が、どうして生まれたのかを考えてみよう。真實の人間形成に於いて重要なのは、彼が生まれた高鍋藩という風土、彼が生まれた日高家、彼の生きた時代、彼の通った学校、そして、そこでの教師および友人、ドイツ留学等々である。

注（1）外山岑作著『ゝ山存稿　後編』湘南堂書房　昭和五十八年十二月十五日（復刻版）　二九三〜二九四頁。
（2）沢柳全集刊行会『沢柳全集』第二巻　大正十四年六月二十五日　四八〇頁。

第二章　高鍋藩と日高家

第一節　高鍋藩とその教育

日高真實（ひだかまざね）[1]は、高鍋藩、現在の宮崎県児湯郡高鍋町に生まれる。高鍋町は、宮崎市と延岡市とのほぼ中間地点にあり、太平洋に面した町である。

地理学的に言うと、東経一三一度三二分五〇秒〜一三一度二六分四〇秒、北緯三二度〇五分〜三二度一〇分に位置し、東西九・八キロメートル、南北六キロメートルで、面積四三・五三平方キロメートルである。一九七五年から一九七九年までの五年間の年間平均気温一六・九度C、降雨量二、三七四・四ミリメートル、降雨日数一三一日、降霜日数三八日で、比較的に温暖な気候の町である。そこに、一九八九年一月一日現在、二三、二四七人（男子一一、四三五人、女子一一、八一二人）の人々が住んでいる[2]。

高鍋町は、「歴史と文教のまち」を謳い文句としている。

そして、この町から、高鍋藩主の次男として生まれ、上杉家の養子となり、のちに、米沢藩主となって、江戸

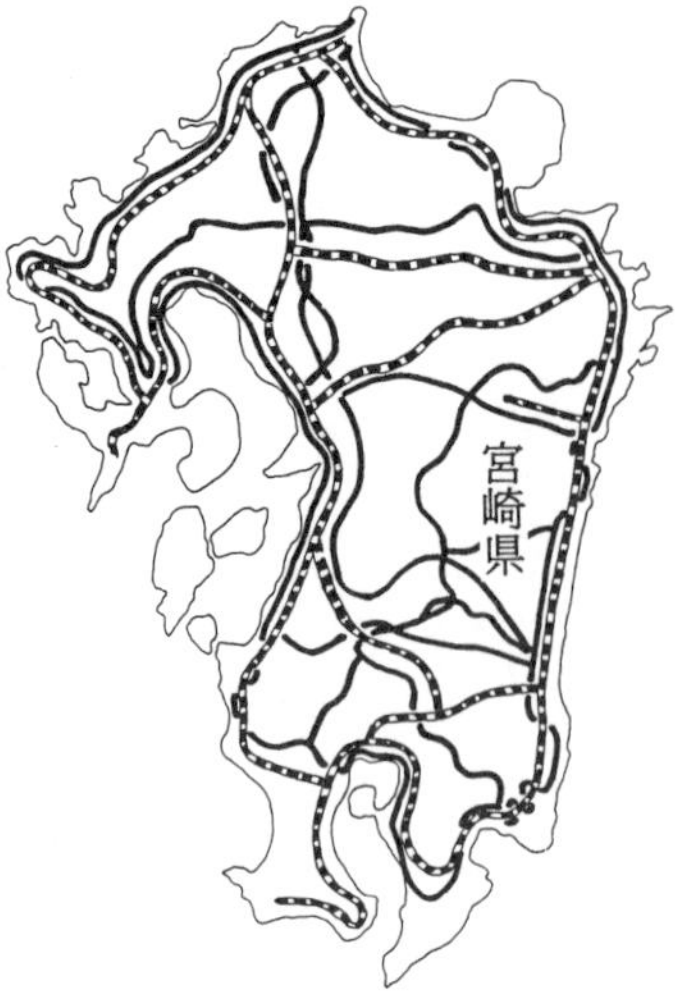
宮崎県

図（II－①）

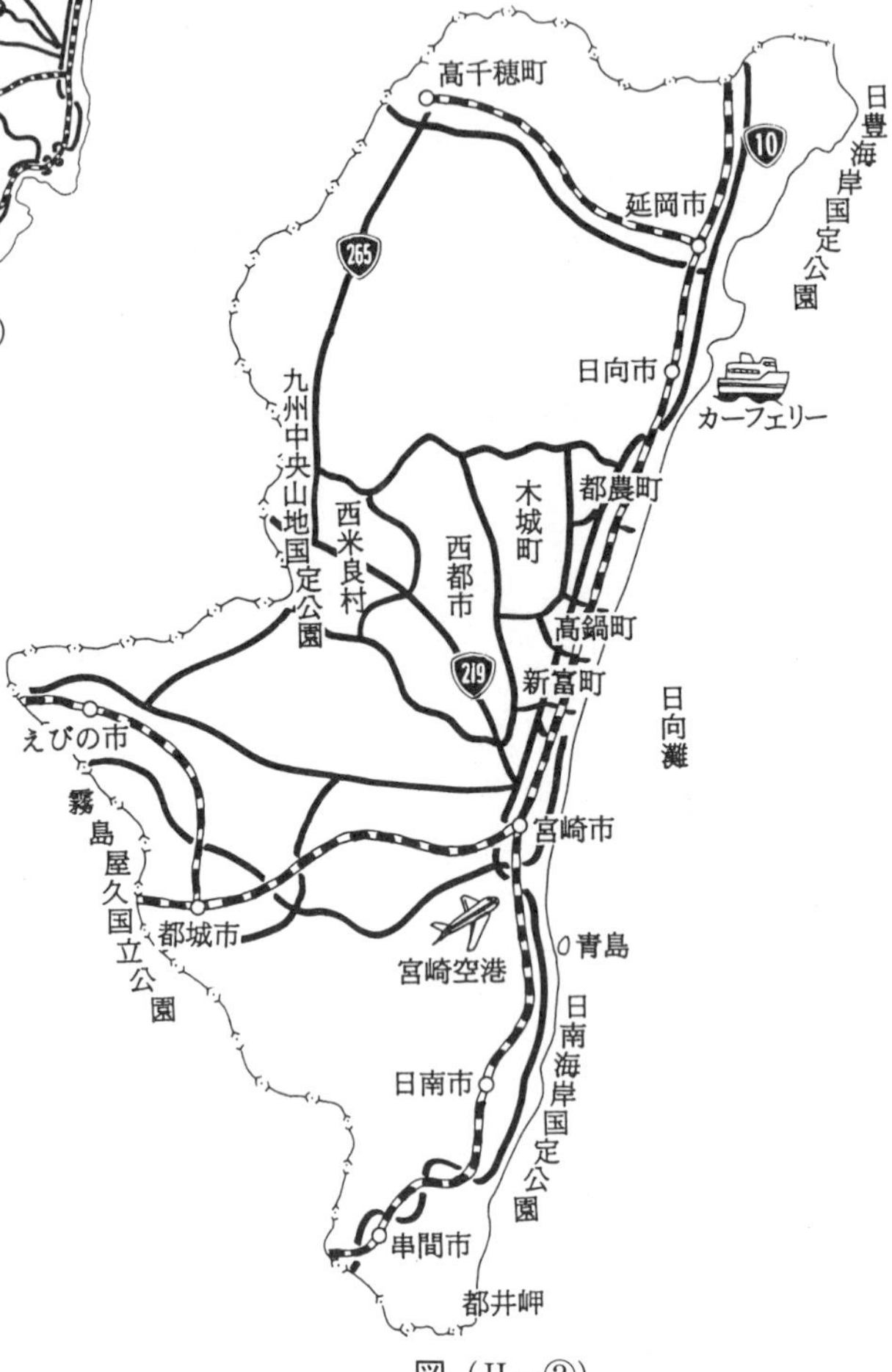
高千穂町
10
日豊海岸国定公園
延岡市
265
日向市
カーフェリー
九州中央山地国定公園
都農町
木城町
西米良村
西都市
高鍋町
219
新富町
日向灘
えびの市
霧島屋久国立公園
宮崎市
都城市
宮崎空港
青島
日南海岸国定公園
日南市
串間市
都井岬

図（II－②）

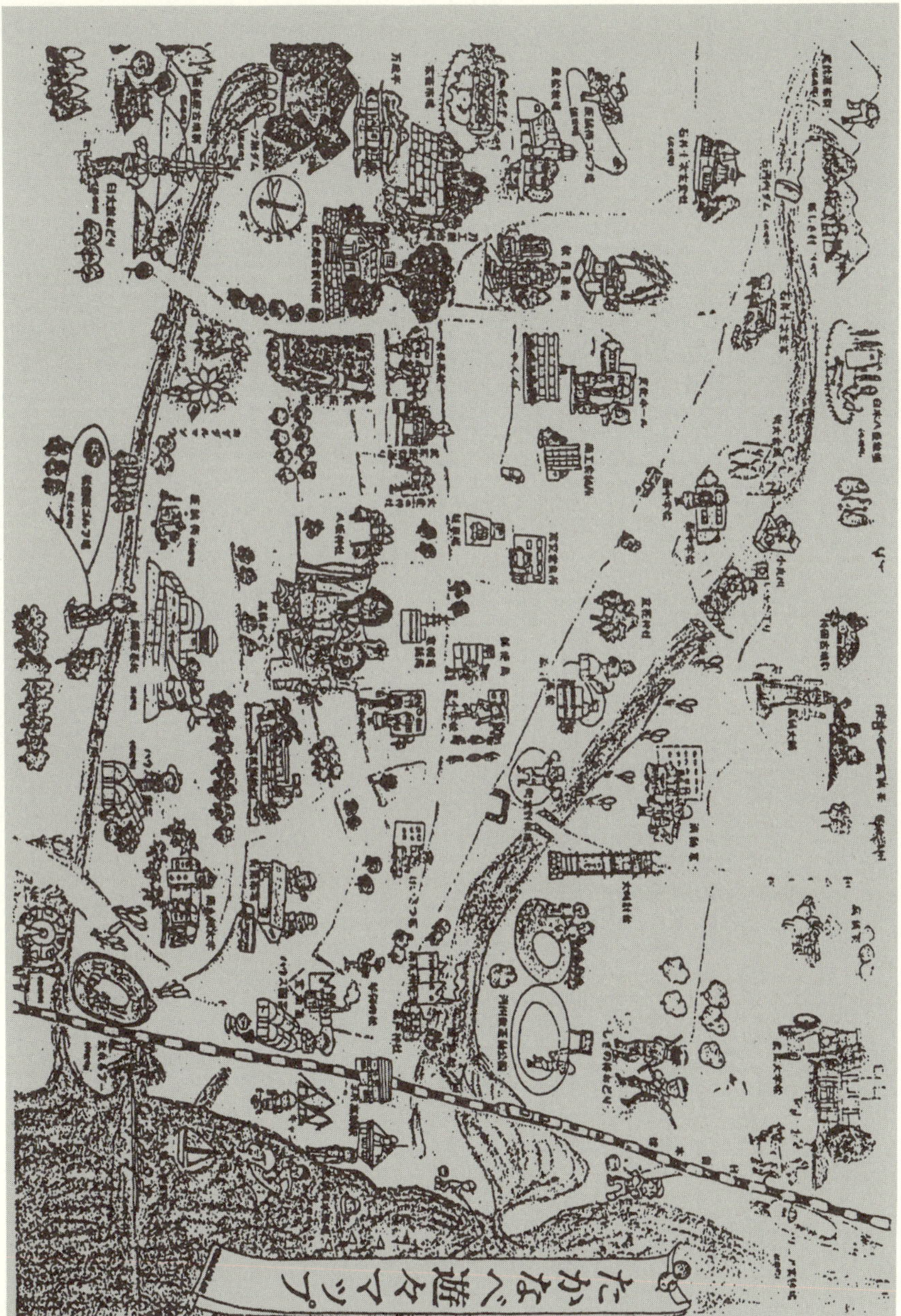

図（II—③）

時代の三名君の一人といわれている上杉鷹山（一七五一〜一八二二）、来遊中のロシア皇太子を大津市内で巡査が襲って負傷させた大津事件で、司法権の独立を守った大審院検事総長三好退蔵（一八四五〜一九〇八）、岡山孤児院を創設し、孤児の父と言われている石井十次（一八六五〜一九一四）などの歴史上の人物を輩出している。

つぎに、現在の高鍋町の基礎を創った高鍋藩の歴史を見てみよう。高鍋は、古来、財部（たからべ）と称し、土持氏→伊東氏→島津氏が襲封し、豊臣秀吉が九州征討を終えると、一五八七（天正十五）年八月、秀吉の命によって、秋月種実が筑前国秋月から櫛間（宮崎県串間市）へ移封され、その子種長が財部（高鍋）に入城した。一六〇〇年の関が原の戦で、はじめ西軍に、のち東軍に与した種長は、三万石を安堵された。そして、一六〇四年十一月、櫛間にあった居城を財部（高鍋）に移した。その領内は、高鍋（一三郷二七村）を中心として、飛び地の福島（八郷一八村）と諸県（四郷九村）であった。種長の後、種春（二代　一六一四〜一六五九）→種長（三代　一六五九〜一六八九）→種政（四代　一六八九〜一七〇九）→種弘（五代　一七〇九〜一七三四）→種美（六代　一七三四〜一七六〇）→種茂（七代　一七六〇〜一七八八）→種徳（八代　一七八八〜一八〇七）→種任（九代　一八〇八〜一八四三）→種殷（一〇代　一八四三〜一八七一）と襲封された。

五代種弘までは、家督相続騒動、一揆多発などで、財政事情は悪く、幕府から三千両を借金したほどであった。六代種美になって、やっと、財政再建の目途がつき、七代種茂になると、財政も一応確立した。彼は、「まず政務を統一するため総奉行を新設し、新田開発をすすめ、藩直営の木材、木炭、紙の生産、朝鮮人参の栽培等積極的な打開策を推進した。また、法令十一条を定め綱紀の粛正を徹底し、一応の成功を収めた。」と、言われている。

一七三五年の藩内総人口は、三万四、九〇〇人であったと言われているが、高鍋藩の総人口は、明治になるまで、殆ど、これと変わらなかったものと推察される。

高鍋藩の藩士の格は、表（II―①）のように、給人→小給→中小姓→徒士→組外→足軽→手廻→職人→雑役に

表（II－①）　高鍋藩士の格（諸士・組外・奉公人）

格（諸士・組外・奉公人）
給人（凡六〇～三〇〇石）　世襲と一代の給人がある（上士）。
小給（凡三〇～　六〇石）　もと大小姓。世襲と一代の別がある。
中小姓（凡一五～　五〇石）　御床几廻ともいう。世襲と一代の別がある。
徒士（凡一〇～　三七石）　世襲と一代がある。
組外
足軽　用人頂と者頭頂に分けられ、それぞれ御組・鉄砲組・長柄組などに分けられていた。また美々津と福島には地足軽があった。
手廻　小頭・道具者・挟箱者・草履取・馬屋組
職人　普請方組・細工組
雑役
ほかに医師・茶道

注　木村礎他二人編『藩士辞典』第7巻九州編　雄山閣　昭和六十三年七月五日　五〇一頁による。

表（II－②）　高鍋藩の上中下三階層別知行高表

階層＼項目	人数	知行高	人数比率	知行高比率
上級（小給以上）	九五	一〇、一八九石	七	四三
中級（中小姓徒士）	三二二	六、三五六	二三	二七
下級（組外諸奉公人）	九四四	六、七三八	六八	二八
寺社	二七	六九六	二	二
合計	一、三八八	二三、九七九	一〇〇	一〇〇

注　石川正雄「高鍋藩の歴史」『宮崎県地方史研究紀要』（第二輯）による。

分けられ、そして、その上・中・下三階層別知行高表は、表（II－②）の通りである。

高鍋町が、その『町勢要覧』で、「歴史と文教のまち」をキャッチフレーズにしているように、高鍋藩は、教育に力を入れていた。高鍋藩に儒学が入って来たのは、第四代藩主種政が、一七〇七年、山内仙介を中小姓格三〇石で召し出し、儒学を講ぜしめたことに始まったと言われている。これに対し、兵学は、一六八六年、第三代藩主種長が、二〇〇石で、軍学者佐久間頼母を召し抱えたことによって、種が蒔かれた。

蒔かれた種は、第五代藩主種弘によって育てられ、つぎの藩主種美によって、大木となって行く。彼は、学問、武芸等に熱心で、藩士の子弟にそれらを奨励した。種美の後を継いだ第七代藩主種茂は、人材を登用し、家臣の献策に耳を傾け、高鍋藩の黄金時代を作り上げた名君であったと言われている。八歳年下の弟は、上杉家の婿養子となり、後に、江戸時代の三大名君の一人と言われている上杉鷹山である。兄弟ともに、治政に秀れていた。

種茂は、教育改革にも積極的に着手した。彼自身、徂徠学を修め、学問を好む傾向にあったが、藩士千手八太郎から、徂徠学は治政に役立たないと諌められ、宋学を学ぶようになった。また、角の屋敷稽古所での経学および兵学の講義を強化したり、藩士が元服する時や家督相続によって御番入りを願いでた時、出席状況や成績を調査したのである。それでも、出席が悪く教育効果が思わしくないので、一七七五年、財津十郎兵衛と内藤進の両氏が学校建設の進言を行った。これは受け入れられず、二年後の一七七七年六月十七日、千手八太郎が、藩主に提出した『学校造立の存寄』という進言が受け入れられた。その進言で注目すべき点は、つぎのことである。

一つは、小学と大学の設置を提言し、そして、小学は一つでなく、領内数箇所に設置する事を進言していること。

二つは、農家の子弟も、「農隙（すき）」の時には、それらの学校に出て来て、学ぶことを許可したこと。

三つは、学校の経費を藩費で賄うことを提案していること。

藩主種茂は、この進言を受け入れ、学校建設担当者が任命され、学校費用として、二十人扶持（約三六石）があてがわれた。八月十五日、建設の大綱が決まり、先ず、素読・手習（習字）から指導を始めるために、手習の間を作った。その建物は、南北流れの長屋で東正面であったという。十一月には、師範後継者養成のため、大塚七郎治の倅太一郎を京都に遊学させた。

学校建設が着々と進み、学校開設が近づいてきた一七七八年二月九日、師範及び師範頭取の任命がなされた。師範三名、師範を助け、主として素読、手習を指導した師範頭取四名が任命された。

十五日後の二月二十四日、開校式が行われた。学堂は、『明倫堂』と名付けられ、小学を行習斎（ぎょうしゅうさい）、大学を著察斎（ちょさつさい）と称した。講堂の正面には、藩主種茂が自ら推敲したという『明倫堂記』と墨色鮮やかに書いた赤味を帯びた板額が掲げられた。

開校式は、午前八時（五ツ時）から始まる。その模様を、『続実録』（巻之四）は、つぎのように記録している。それから、抜粋してみよう。

「○　二十四日、学校普請成就し、開講は午前八時で、小学校において、千手八太郎が小学序を講じた。諸生、全員出席した。午前十時（四ツ時）、者頭以上の者が集合し、殿様が午前十時過ぎ、入室され、者頭以上の者の御目見えが行われた。大学校に於いて、財津十郎兵衛、千手八太郎、山内富太郎の三師範が、大学序を順次、講義した。

○　御城では、学校落成式が行われた。お雑煮、お酒、お吸物が出され、者頭以上の者が参加した。終わって、お納戸の間において、能役者の橋本源蔵の仕舞があり、その後、又、お酒、お吸物が振舞われた。

○　学校へ相詰め候役人を初め、学校建設にたずさわった人々、例えば、棟梁諸職人などにも、お祝が下されたのである。」

開講式当日の様子が、以上のように、報告されているけれども、これから、藩主種茂の喜びと期待が感じられる。それは、種茂自身、自ら明倫堂建設の趣旨と教育精神を記した『明倫堂記』を書いたことからも、推察される。種茂に明倫堂建設を進言し、その開設に当たって師範の一人となった千手八太郎は、明倫堂建設都合（長官）手塚甚五左衛門以下の名の下に、明倫堂創設の由来を記した『明倫堂楯間記』を作成した。また、明倫堂生の日常生活の規範となる『明倫堂学規』を作成した。これは、十八の徳目からなる。

明倫堂は、小学と大学に分かれ、初め、小学を行習館、大学を著察館と言っていたが、後に、それらが、行習斎、著察斎に改められた。その所在地は、廉の屋敷というところで、前掲の『たかなべ遊々マップ』を見れば分かるように、現在地は、県立高鍋農業高等学校の運動場の西北隅のところである。建物は、南北に伸びた長屋で、東を正面にしていたという。その西側には、一八四四（天保十五）年、医学館、一八五三（嘉永六）年には、寄宿寮となる切偲楼が建てられた。

小学である行習斎には、小給以上の身分の者の嫡男は、八、九歳で入学し、素読・手習・躾方などの教育を受ける義務があった。それ以下の身分の中小姓・徒士の嫡男はなるだけ出席すべきこととし、そして、それぞれの二、三男でも十一歳まで就学しなければならなくなり、就学が仕籍に入る条件となった。

入学しようとする者は、先ず、父兄の許を得る。そして、礼服を着用して師範（教授）及び師範頭取（助教）の宅へ参上し、願い出る。但し、願い出る場合、幼年の者は、言うまでもなく、父兄同伴である。許可されると、麻上下を着用して出席する。

授業時間は、江戸時代においては、つぎの通りである。

午前九、〇〇～一二、〇〇　習字
午後一、〇〇～　三、〇〇　復読（素読）
　但し、三の日（三、十三、二十三）
　　八の日（八、十八、二十八）
午後一、〇〇～　三、〇〇　習礼、算術、講書
　但し、二、七の日（二、十二、二十二）
　　　　（七、十七、二十七）
　　午後三時以後助教の講義を聴く
　四、九の日（四、十四、二十四）
　　　（九、十九、二十九）
　　午後三時以後教授の講義を聴く

これが、一八六九（明治二）年、国学科が、設置されると、つぎのように改定される。

午前九、〇〇～一二、〇〇　国学
午後一、〇〇～　三、〇〇　習字
午後三、〇〇～　五、〇〇　漢籍
　（習礼、算術は別席にて隔日開講、生徒は輪番交代して業を受ける。）

授業時間は、以上の通りであるが、『行習斎規』に基づき、生徒の日常をより詳細に見てみよう。
前述したように、授業は、午前九時に始まるのであるが、その前に、毎日、早朝、手水身仕舞いした後、兼ねて頼み置いた師家へ行き、素読を受けるのである。すなわち、これを「朝読み」と言うのである。それが終わっ

て自宅に帰り、朝食をとって登校する。

教室の入退室においては、教授、助教、諸礼師範頭取等へ一礼をし、遅参した場合は、先生達ばかりでなく、出席生徒にも一礼をして着席しなければならない。座席は、格式及び入学の順序によらず、長幼の序、すなわち、年齢順である。

午前九時から十二時までは、手習が行われるが、先ず、手本を読み、筆法に気をつけて練習し、一、六の日には、清書して提出する。

午後一時から三時までの素読においては、朝読みで師家に教授されたところや、兼ねて習ったところを、一字一句に気をつけて繰り返し読むのであった。素読する書物は、孝経にはじまり、小学の内篇と外篇、大学、論語、孟子、中庸、近思録、詩経、書経、易経、春秋、礼記へと進むのであった。

習礼（諸礼）においては、日常の礼儀を稽古するのであるが、日常の実用においても実行するよう心掛けるよう指導を受けるのであった。

算術（法）は、初め、十四歳未満の者に珠算の指導がなされたが、一八六七年から関流算法が教授されることとなった。

講書においては、孝経と小学（内外篇）の講釈がなされるが、生徒は、メモをし、納得のいかないところは、納得のいくまで質問をすべきであるとする。

その他、授業中の態度、日常の立居振舞などについて、細かく規定している。

行習斎の以上の学科過程を修了すると、著察斎へと進む。その年齢は、十五～六歳である。著察斎の学生は、購読したり、会読したり、講義を聴いたり、自由であった。しかし、一般的には、毎月六回、講書に参加するのが建前で、三十歳で退斎となった。

藩士の子弟は、文武両道（兼学）を教育の理想としていたので、学問ばかりでなく、武芸をも学ばなければならなかった。高鍋藩に普及していた武芸は、兵学、弓術、馬術、槍術、剣術、砲術、長刀、捕手術等であり、それぞれに、いくつかの流派があった。学問においては、藩士の身分によって教えられる内容が異なっていなかったけれども、武芸においては、身分に応じた教育がなされた。(3)

注（1）日高真實の名前の呼び方は、「まさね」と「まざね」の二つある。前者は、彼の著書である『日本教育論』や訳書である『教育に関する攻究』、そして、ベルリン大学に留学した折りローマ字で書いた登録簿に記されている。後者は、『高鍋町史』（高鍋町史編さん委員会　昭和六十二年六月一日）の第八編（人物）の中では、「まざね」とある。父が日高誠實（のぶざね）、祖父が日高明實（あきざね）と呼ばれていたので、『高鍋町史』では、「まざね」を採用したのであろう。

（2）宮崎県児湯郡高鍋町『町勢要覧』一九八九年による。

（3）明倫堂の教育については、つぎの著書および論文を参考にした。

（イ）石川正雄「高鍋藩の教育」『宮崎県地方史研究紀要』第三輯　宮崎県立図書館　昭和五十二年三月三十一日

（ロ）石川正雄編『明倫堂記録』高鍋町　昭和五十八年三月三十日

（ハ）高鍋町史編さん委員会編『高鍋町史』高鍋町　昭和六十二年六月一日

（ニ）拙稿「江戸時代における文武両道教育の研究（一）」『福岡教育大学紀要』第40号　第四分冊　教職科編　平成三年

第二節　日高家とその教育

一人の人物は、言うまでもなく、いろんな要素から形成された有機体である。そして、一人の人物が出来上がるには、背景がある。真實の場合もそうであろう。

真實の人間形成を考える場合、その第一は、前節で考察したが、第二を、この節で考察する。

日高家は、高鍋藩領である美々津で、藩船の艦長を務める家柄である。当主は、代々、乗太夫または善太夫を襲名し、身分は、士と奉公人との中間の身分である間格であったが、後には、徒士となった。しかし、それは、余り身分の高い地位ではなかった(1)。

美々津は高鍋藩の参勤交代の玄関口であると同時に、経済的には、耳川上流から輸送される物資の集散地であり、藩御用の木材船、大坂方面からの船の出入りする港町であった。そこには、番代と代官が置かれ、高鍋藩の米蔵や出入りの船等を監視する津口番所が設けられたり、藩主の宿泊施設であるお仮屋も設置されていた。

今でも、陸の孤島と言われ、交通の不便な宮崎県のほぼ中部に位置する高鍋藩において、京や都の文化が入って来る入り口が、美々津であった。したがって、「美々津で唄を歌うな」と言われていたように、美々津に出入りする船乗りや商人によって、上方での最新流行の唄が、逸速く、到来した。建物も、京都や大坂の町屋造りの影響を受けていたと言う。

日高家が代々居住していた美々津は、以上のように、上方文化の到来する高鍋藩の玄関口であり、日高家は、藩船の艦長を務めた家柄であったため、上方文化に直接触れる機会もしばしばあったものと推察される(2)。

しかし、日高家が、高鍋藩の藩校明倫堂と関わりをもつようになるのは、日高明實（一八〇九～一八四七）からである。彼は、一八〇九（文化六）年、美々津に生まれる。父實義は、藩主の関船の船頭で、吟竜と号し、和歌俳諧に長じていたという。

明實も、関船に乗っていたが、彼は、十六歳の時、父に許しを請うて学問に専念することとなった。先ず、荒川嘯亭（一七八五～一八六八）に漢学を学んだ。嘯亭は、美々津に生まれ、始め漢学を学び、長じて医学を勉強し、医者となった人物である。特に、産科に精しかったという。そして、和歌、俳諧、囲碁、将棋、謡曲、茶の湯、生け花等に通じていた。彼の性格は、度量が広く、ユーモアに富み、人の面倒見がよかったので、人の出入りが多かった。

明實は、嘯亭に漢学を学んだ後、一八三〇（文政三）年三月三日、二十二歳の時、豊後日田（現在の大分県日田市）の広瀬淡窓（一七八二～一八五六）主宰の咸宜園に入門した。淡窓の実家は、商家であったが、十六歳の時、家業を弟に譲り、学問で身を立てる決心をした。一八〇五年、二十四歳の時、彼は、日田に学舎を建てた。彼の学徳を慕い、全国から塾生が集まり、一八七一（明治四）年、塾が閉鎖されるまでの塾生の延べ人数は、四千人を超えたという。この数字は、今でも交通の不便な日田に笈を負うて集まって来たと考えるだけで、驚異である。彼の学問は、儒、仏、老の調和をとった折衷学派であり、彼は、漢詩文に長けていた。彼は、学者としてよりも、教育者として日本の歴史上に名を残した。彼は、「人材を教育することは善の最大なものである」と称し、人材育成に一身を捧げた。教育方法は、それぞれの人間の天性（個性）を伸ばす方法を採った。(3)

咸宜園の教育の特徴は、つぎの三つに要約されよう。

一つは、入門にあたって、「三奪の法」を採用したことである。すなわち、（イ）年齢、（ロ）学歴（前歴）、（ハ）身分を奪って、入門者を平等とした。当時重視された身分制、長幼の序よりも、本人の実力を重視したのである。

二つは、厳しい等級制を採ったことである。それは、無級から九級に分かれ、さらに、一級から九級までは、それぞれ上。下に分けられていたので、合計すると、十九段階に分けられていた。各段階毎に学習課目が提示され、毎月の学習成果が試験で評価され、進級が決められた。すなわち、月旦評による塾生の評価が行われていた。三つは、生徒指導と塾経営の巧みさである。塾制を確立し、一人で約二百人の塾生を管理したのである。以上の特徴を有する咸宜園から、多くの人材を輩出したが、幕末から明治にかけて活躍した歴史上の人物は、大村益次郎、高野長英、長三州、清浦圭吾等がいる。

日向（宮崎県）から咸宜園に入門した者は、淡窓時代（五十年）、五一名、青邨時代（七年）、四名、林外時代（十年）、六名、合計六一名である。

そのうち、高鍋藩から入塾した者は、つぎの六名である。

入門簿によると、高鍋藩から咸宜園に入門した一番早い者は、鳥原玄竜紹介による日高明實（謙蔵又は謙三）である。彼は、一八三〇（文政十八）年に、二十二歳の時、入門している。この年には、全国から五六名の入門者がいる。その前年の一八二九年には、九〇名、その翌年の一八三一年には、七五名と、広瀬淡窓の名声を聞いて、入門者が多くなって来ていたころである。(3)

『欽斎日暦　巻五』にも、「三日　日向人日高謙三入門(4)」とある。一八三〇年三月に入門したのであるが、同年五月二十六日の『月旦評』で、初めて、謙三の名前が「謙三加一級上(5)」とみえる。『月旦評』は、毎月の成績評価であるが、そのカリキュラムは、表（II－③）のとおりである。

この表は、一八三三（天保四）年五月十一日、「改塾長為都講(6)」と記されている以降の職任とカリキュラムである。すなわち、日高謙三が入塾し、勉学に励んでいる時以降のものであるけれども、基本的には、謙三勉学時代と変わらなかったものと、推察される。

入門年月日	住所	氏名	続柄 年齢	紹介者
文政十三・閏三・三	児湯郡美々津	日高謙蔵	二十二	鳥原玄竜
文化十五・三・四	日向国小江（湯）郡浦（穂）北村	児玉敬蔵		志賀守 右衛門
嘉永四・十一・十四	日向高鍋藩中	山内純亮	山内庄次郎倅 十八	毛利文一
〃	〃	吉田伝之助	吉田銀蔵倅 二十二	毛利文逸
〃	〃	植松常節	十八	〃
嘉永五・四・十七	児湯郡高鍋称専寺	釈護城	十六	吉田伝之助

謙三は、四級上までは、順調に昇級している。これは、入門する前に、かなりの学力を有していたからであろう。

一八三〇（文政十三）年

三月三日　入門
五月二十六日　一級上
六月二十六日　二級下
七月二十六日　二級上
八月二十七日　三級下
九月二十六日　三級上

表（II－③）

教科及教科課程
経学 詩学 史学 文章学 諸子学 書学
職原学 医学 兵学 天文学 地理学 数学
和学 漢学 蘭学
職任制
都講 副監 主簿 典薬 舎長 副舎長 経営監
威儀監 蔵書監 洒掃監 新来監 外来監 履監
輪番侍史 常務侍史 書記 給事 日直 夜直
授業
課業：素読 輪読 聴講 輪講 会読（奪席会） 質問 詩会 文会 書会 句読切 復文
試業
消権（独見）
時刻表
五時晨起掃除 六時輪読 七時洒掃喫飯 八時聴講会読 九時素読質問 十時聴講会読 十一時輪読復文 五字書会 十二時喫飯散歩
一時輪読質問 二時試業 三時同右 四時同右 五時同右 六時喫飯散歩 七時夜学 八時同右 九時同右 十時就寝

書目配当表

	上	下
九級	詩 百篇 文 五十篇	淡窓六種 墨子 管子 近思録 伝習録
八級	名臣言行録 資治通鑑 世説・荀子	荘子 資治通鑑 八大家文
七級	遠思楼詩鈔 書経講義	詩経講義 史記講義
六級	国語講義 左伝講義	左伝講義 文範講義
五級	孔子家語講義 孟子講義	国史暗記 論語講義 日本外史講義
四級	蒙求暗記 中庸講義	大学講義 十八史略講義
三級	国史略講義 孝経講義	易経素読 詩経素読 書経素読
二級	礼記素読 春秋素読	小学素読 孟子素読
一級	論語素読 孝経素読	中庸素読 大学素読

注　奈良本辰也編『日本の私塾』角川書店　昭和四十九年五月三十日　九九頁による。

十一月二十六日　四級下
十二月二十二日　四級上
一八三一（天保二）年
二月二十六日　五級下
六月二十六日　五級上
十月二十六日　六級下
一八三二（天保三）年
五月二十六日　六級上
九月二十六日　七級下(7)

五級からは、やや時間がかかっているが、他の塾生と比べると、昇級は、順調と見て良いであろう。例えば、一八三二（天保三）年十二月二十六日、「謙三罷塾長。龍甫代之。(8)」とあるように、謙三のあと塾長となった防州三田尻出身の永澤龍甫は、謙三の入門より一年七カ月前の一八二八（文政十一）年七月二十四日、入門であり、(9)六級下（天保二年九月二十六日　昇級）までは、龍甫の方が昇級が速かったのである。六級上では、謙三が、一カ月速く昇級している。(10)そして、七級下では、二人が、「謙三。龍甫加七級下」とあるように、同時に昇級している。後に、謙三は、龍甫より速く、塾長になったが、謙三が咸宜園を去ってすぐ塾長の名称が都講と変わった。咸宜園に入塾し、後に、総理大臣となった清浦圭吾（一八五〇〜一九四二）は、その様子をつぎのように語っている。

「咸宜園の組織は、恰度内閣のようなもので、都講を首相とすれば、舎長としての内務大臣があり、外務大臣としての外来監があり、その他主簿、典薬、新来監、蔵書監、洒掃監、履監等の職員があって、それぞれ自己の職務を管掌するさまは、恰度今日の閣臣が各省の事務を主管するやうなものであった。こゝにおいてか咸宜園に都講たる者は、一国宰相の器と云ひ得るのである。(11)」

謙三は、入門して二年位で、塾長（のち、都講と改称）となったが、一八三二（天保三）年十二月二十六日の淡窓の日記に、「謙三罷塾長。龍甫代之」と記した後、「是日微困」と書かれている。(8) これは、謙三が塾長を辞めたことを惜しんでいるのであろうが、翌年二月十二日の日記に、「及謙蔵帰郷(12)」とある。それ以降、月旦評の中に、謙三の名前は出て来ない。彼は、退塾し、郷里美々津に帰ったのである。

咸宜園で塾長まで務めた謙三のことが、高鍋藩第九代藩主種任の耳に入り、同年八月十七日、謙三の学力吟味がなされることとなった。

「右先達テヨリ豊後日田広瀬求馬方江致遊学候処当時帰郷罷在候之趣相聞候ニ付来月上旬中当表へ被召呼学校ニテ試候様被仰付候段被仰出候趣雄右衛門殿ヨリ御達有之尤美々津表へハ御奉行所ヨリ被仰付越候(13)」。

学力吟味は、翌月の九月七日、藩侯の御前で、書経の湯誓篇と尭典篇を古注によって講義させられることによって、行われた。書経講義は、咸宜園では、七級上で行うことになっていたが、謙三自身は、七級下までしか、進級していなかった。しかし、その講義は好評で、藩主は、その取り扱い方を命じた。(14)

これに対し、藩の学校御用掛は、一八三三（天保四）年十一月二十六日、奉行田村雄右衛門を通して、つぎのように回答している。

それを要約してみよう。

日高謙三を明倫堂に入学させるか、または、直ちに、江戸あるいは京坂へ遊学させるかを吟味いたしましたところ、学校予算が不足して、二〜三年は、遊学させる費用がありません。しかしながら、大切な人材教育のことゆえ、費用にかかわりなく、遊学を命ぜられてもよいと思います。ところが、謙三は、折衷学派の広瀬求馬（淡窓）に学んでおります。学問というのは、一つの学問を修得した上で、他の学問の長所を取るべきで、始めから折衷学派を学ぶというのは宜しくないことと、費用不足ということから、一先ず、当地に呼び寄せ、学費を与えて、一〜二年間、朱子学の基礎を学ばせる。そうすると、遊学費用の余裕も出来ますので、その後、二〜三年、遊学させて、本格的に、朱子学を学ばせては、いかがなものでしょうか。(15)というような内容の回答がなされたのであるが、これが実行されたのは、一八三五（天保六）年からである。この年、謙三は、高鍋藩の迎賓館高鍋お仮屋中に召還されて、朱子学の基礎を学ばされていた。そして、翌々年の一八三七（天保八）年三月、江戸へ遊学することとなった。(14)

江戸では、古賀侗庵（一七八八〜一八四七）の塾に入門した。侗庵は、寛政の三博士の一人といわれる古賀精里の三男で、幼い頃から「戯を好まず深沈寡黙群児敬憚(16)」であったと言う。佐賀に生まれたが、父精里が幕府に仕えるようになり、江戸に移住した。古賀の門は、古賀精里→古賀侗庵→古賀茶渓と続いた学問所付きの儒官の家柄で、一七九六（寛政八）年から一八六七（慶応三）年まで続いた儒流の名門であった。謙三は、そこでも、能力を発揮し、老中水野忠邦は、扶持百石をもって、彼を召し抱えようとした。(14)しかし、勿論、彼は、辞退した。

遊学して四年経った一八四一（天保十二）年八月十八日、藩主の面前で、『論語子路篇』を講義したり、詩文章を藩に差し出した。(17)吟味の結果は、翌一八四二（天保十三）年四月二十二日、泥谷七之丞が助教を退役したのに代わって、謙三が、中小姓五人扶持で、明倫堂助教に任命されたのである。(18)翌年十二月十日には、「一代小給格」に取り立てられ、教授となった。(19)

彼が教授に就任すると、明倫堂の学風は一変したと言われているが、就任して二年経った一八四五（弘化二）年十二月十一日、謙三は再度の遊学を願い出た。[20]それが認められ、彼は、翌年正月、大坂に遊学し篠崎小竹（一七八一～一八五一）に師事したのである。小竹は、謙三江戸遊学の時の師の父である古賀精里に朱子学を学び、詩文および書をよくした。その人物は、つぎのようであったと言う。

「人と為り闊達灑落、而も心を用ふる精細、事務に通達し、毫も書生迂疎の習あるなし。平生仕官を欲せず、然れ共諸侯の大阪に鎮戍する者、多くは聘して師となす。交道の広き、当時その比を見ず。[21]」

小竹は師の礼をうけず、朋友の礼をもって、謙三を遇したという。これは、謙三自身の優秀さを表しているとともに、小竹自身の学問追求における態度、すなわち、学問追求において年齢はかかわりのないという人間の大きさを表していると、推察される。

大坂に出て半年足らず経った七月、藩主種任侯は、幕府によって勅使御馳走役という大任を命じられたので、その補佐役として日高謙三を江戸へ呼び寄せられた。その大任を果たし、大坂へ帰って来たが、一八四七（弘化四）年一月二十九日、江戸遊学の時の師古賀侗庵が亡くなったのを後を追うようにして、謙三も、約一カ月後の二月二十七日、大坂の藩邸で不帰の客となった。その時、彼は、三十八歳である。正に、これから活躍が期待される年齢であった。[14]

日高謙三と同じ一八〇九（文化六）年に生まれ、彼より数年前に咸宜園に入門した同門の士の秋月橘門（一八〇九～一八八〇）は、謙三の人物と学識を讃えて、『橘門韻語巻之上』の中に、「耳水訪日高東卿賦呈[22]」という漢詩を残している。

それによると、日高謙三は、温厚で、物静かで寡黙を愛し、悠々として、その態度は変わらず、両親に対しては、いつもにこやかに接し、事を行うには、誠心誠意をもって行い、名利を求めるところがなかったという。その両眼は、光り輝き、旭日の輝くようであった。また、学問を愛し、詩文を作るのに巧みで、書も上手であった。病床に伏し、余命いくばくもないと悟った謙三は、看護の者に、つぎのように依頼したという。

「遂に君の恩に報いることが出来なかった。どうか長男誠實に、学問が完成した後は父に代って殿様の手厚い志におむくい申上げる様にせよと伝えて貰いたい。(1)」

夫人蔦子が、夫の死を知ったのは、死後二十日ほど経ってからであると、言われている。その時、夫人は、三十三歳で、謙三との間に、三男一女をもうけていたが、長女の槃子は出生した年に亡くなり、謙三の死後五カ月後に生まれた鵠千代も生まれて間もなく亡くなった。あとに残った長男誠實は、十一歳、次男来助は、五歳であった。夫人は、謙三が咸宜園に入門する前、漢学を学んだ荒川嘯亭の娘であった。彼女は、才色兼備の女性で、従順貞静な人柄で、読書を好み、和歌を愛し、儒者日高謙三にふさわしい女性であったと言われている。夫の死後、夫人は、二人の息子の養育に全力を傾けた。そして、孫の真實に漢学の基礎知識を与えたのも、彼女であった。

長男誠實は、一八三六（天保七）年二月二十九日、美々津に生まれる。一八四二（天保十三）年四月、父が明倫堂助教になった時、彼は、父に連れられて、高鍋に移り、明倫堂で学ぶこととなった。彼の父が亡くなった年の一八四七（弘化四）年三月十六日の『明倫堂記録』によると、誠實について、つぎのように記している。

「当時素読手習等出精仕候篤實之生質器用ニ御座候間今通リ出精仕候ハゝ行々家業相勤候人物ト奉存候」[23]

二年後の一八四九（嘉永二）年二月五日の記録には、「十三歳ニテ小学四書近思録五経迄素読相済候ニ付」[24]ということで、白銀五両の褒美を受けている。

一八五三（嘉永六）年には、藩校寄宿を命ぜられ、一八五六（安政三）年には、藩命により、江戸に遊学することとなった。江戸では、父謙三（明實）の師であった古賀侗庵の息子古賀茶渓（一八一六〜一八八四）に学んだ。彼は、程朱学の家学を継承していたが、かたわら西洋の学術を修め、幕府の命を受けて西洋の学事を掌り、洋学所の学政を督した人物である。[25]彼に学ぶこと、七年、一八六二（文久二）年に帰藩し、明倫堂の助教となった。その翌年、内野軍平の娘喜那子と結婚したのか、一八六四年九月十七日、この本の主人公である日高真實が誕生する。この年、再命によって、再び、江戸へ遊学し、古賀茶渓に学ぶこととなった。

この頃は、江戸幕府は、欧米先進諸国の外圧に負け、外国へ門戸を開き、外国の文化・文明を無視することが出来なくなり、積極的に、それらを取り入れなければならなくなった。その幕府の中心の一人が茶渓である。

茶渓に約三年間、師事した後、藩命により、帰藩することとなった。それは、一八六七（慶応三）年の春のことである。途中、大坂に母蔦子を呼び寄せ、積年の母の望みである亡き夫の墓参をすることになった。それは、夫が亡くなって、約二十年後のことである。しかし、積年の望みを達した母と帰藩しようとすると、誠實が病気となり、やっと、十一月に帰藩出来、藩侯の近侍となった。翌一八六八（慶応四）年七月四日、高鍋藩校明倫堂の教授に任命された。その年の九月、明治と改元され、新しい政府が出来ると、一八六九（明治二）年十月、高鍋藩に上下両議員事院が開設される。誠實は、下院議長を兼務することとなった。翌年十二月二日には、高鍋藩権大属に任命され、上京、公用方を申し付けられた。そして、その翌年の一八七一（明治四）年七月十四日、廃藩置県となり、高鍋藩は廃止され、その残務整理の命を受ける。この年、夫（明實）亡き後、二人の子どもの養育に尽力した、また、孫真實に漢学の素養を教えた母蔦子が亡くなる。残務整理が終わると、誠實は、一八七二（明治五）年三月三日、陸軍省九等出仕を命ぜられ、秘史局分課に勤務することとなった。翌年四月三日、陸軍大尉になる。そして、日高一家も上京することとなった。

注（1）高鍋町立図書館長石川正雄氏児湯地方教育委員会連協総会当日講演資料（昭和五十六年七月六日）「日高耳水一族」　日高耳水一族のことは、この資料に基づく。
（2）『角川日本地名大辞典　45　宮崎県』角川書店　昭和六十一年十月八日　七二九頁。
（3）井上義巳著『日本教育思想史の研究』勁草書房　一九七八年八月二十六日　四二六頁。
（4）『淡窓全集』中巻　日田郡教育会　大正十五年十一月十日　四三六頁。
日高明實は、又の名は、杲、字は東卿、謙三（謙蔵）と称した。耳水は美々川をもじった号である。別に安素堂ともいう。注（1）の講演資料による。
（5）同前書　四四二頁。
（6）『淡窓全集』下巻　日田郡教育会　昭和二年一月三十日　五二六頁。
（7）『淡窓全集』の中巻と下巻による。
（8）『淡窓全集』下巻　五一三頁。
（9）同前書の「入門簿」巻二二　三三頁。
（10）『淡窓全集』下巻　五〇五頁。
（11）後藤武夫著『子爵清浦圭吾傳』日本魂社　大正十三年五月二十日（三版）二〇〜二一頁。
（12）『淡窓全集』下巻　五一七頁。

(13) 石川正雄編『明倫堂記録』宮崎県高鍋町　昭和五十八年三月三十日　二三二頁。
(14) 注（1）の講演資料による。
(15) 前掲書『明倫堂記録』二四二〜二四三頁。
(16) 関儀一郎・関義直共編『近世漢学者伝記著作大事典』琳琅閣書店　昭和四十六年四月十日（第三版）二一七頁。
(17) 前掲書『明倫堂記録』二九九頁。
(18) 同前書　三二九頁。
(19) 同前書　三七一頁。
(20) 同前書　四三七頁。
(21) 前掲書『近世漢学者伝記著作大事典』二五七頁。
(22)

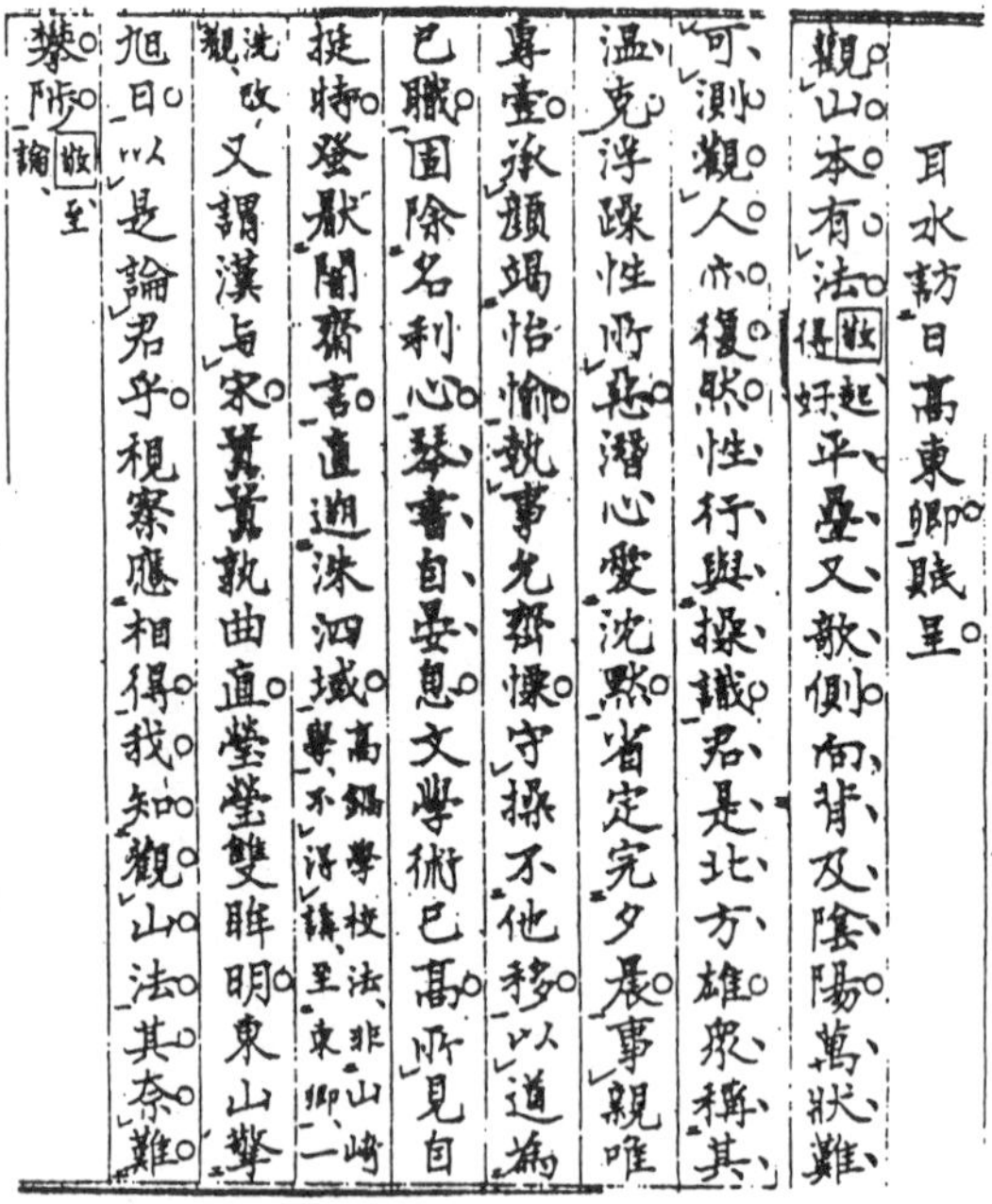
耳水訪日高東卿賤呈
觀山本有法敢起平疊又欹側向背及陰陽萬狀難
可測觀人亦復然性行與操識君是北方雄衆稱其
温克浮躁性所惡潛心愛沈默省定完夕晨事親唯
專壹承顔竭怡愉執事先齊慄守操不他移以道爲
己職固除名利心琴書自晏息文學術已高所見自
挺特登獻闇齋書直遡洙泗域高鍋學校法非山崎學不得講至東卿一
洗改觀又謂漢与宋貫貫執曲直瑩瑩雙眸明東山擧
旭日以是論君子視察應相得我知觀山法其奈難
擧所敢至論

(23) 前掲書『明倫堂記録』四六八頁。
(24) 同前書　五一八頁。
(25)『大日本人名辞書』第二巻　昭和十二年三月三十日（増訂十一版）　一〇〇〇～一〇〇一頁。

第三章　一家の上京と真實

第一節　近代日本の発足と教育

日高真實は、一八六四年生まれなので、明治と改元される一八六八年には、満四歳である。そして、一八七四（明治七）年には、父誠實の後を追って、一家が上京する。その後、彼は、同人社→東京英語学校→東京大学予備門→東京大学→帝国大学で学ぶことになる。

彼は、正に、日本の大変革の時に生まれ、育ち、一人前となって行く。明治となって、その体制が整って来る明治二十年頃までの動きを見てみよう。

一八六八（明治元）年

九月三日　　江戸を東京と改称。

十月二十三日　　明治と改元、一世一元制を制定。

一八六九（明治二）年
五月九日　東京奠都。
七月二十五日　版籍奉還。
一八七〇（明治三）年
三月　大学規則及び中小学規則を制定。
十月十三日　政府、平民に苗字使用を許可。
十月二十六日　兵制統一を布告。陸軍は仏式、海軍は英式を採用。
一八七一（明治四）年
八月二十九日　廃藩置県の詔書を下す。
九月二日　大学を廃止し、文部省を創設。
十月七日　華族・士族・平民相互の結婚を許可。
十月十二日　穢多・非人の称を廃し、民籍に編入。
十月三十一日　文部省に編輯寮を設置し、欧米の書物の翻訳、教科書の編纂に着手。
一八七二（明治五）年
二月十二日　学制の大綱を太政官に提出。
七月四日　東京に官立師範学校を設立。
九月四日　学制の基本理念となる「被仰出書」を布告。
九月五日　日本の最初の近代教育法である「学制」を布告。
十月十四日　新橋・横浜間に鉄道開通。

十一月四日　官営模範工場富岡製糸場、操業を開始。
十二月九日　太陽暦を採用。
一八七三（明治六）年
一月十日　徴兵令を布告。
七月二十八日　地租改正条例を布告。
八月　明六社設立。
十月二十四日　征韓論敗れ、西郷隆盛、参議を辞職。
一八七四（明治七）年
二月一日　佐賀の乱起こる。
三月十三日　官立東京女子師範学校を設立。
十二月二十七日　東京英語学校を設立。
一八七五（明治八）年
七月十八日　東京開成学校より選抜の第一回海外留学生十四名渡米。
一八七六（明治九）年
三月十五日　楽善会訓盲院の設立許可。
三月二十八日　廃刀令を制定。
一八七七（明治十）年
二月十五日　西南の役起こる。（九月二十四日　西郷隆盛自刃し降伏）
四月十二日　東京大学創立。東京英語学校、東京大学予備門の一部となる。

一八七八（明治十一）年
五月十四日　文部省、日本教育令案を上奏。
一八七九（明治十二）年
八月　教学聖旨の提示。
九月二十九日　教育令の公布。
一八八〇（明治十三）年
四月十五日　集会条例を制定。
十二月二十八日　改正教育令の公布。
一八八一（明治十四）年
五月四日　小学校教則綱領の制定。
八月一日　開拓使官有物払下げらる。
八月十九日　師範学校教則大綱の制定。
一八八二（明治十五）年
六月三日　集会条例を改正し、取り締り強化。
十月二十一日　早稲田大学の前身の東京専門学校設置。
一八八三（明治十六）年
四月十六日　新聞紙条例を改正し、取り締り強化。
六月二十九日　出版条例を改正し、罰則を強化。
十一月二十八日　鹿鳴館開館。

一八八四（明治十七）年
五月七日　森有礼、文部省御用掛兼勤し、文部行政に参画。
一八八五（明治十八）年
七月　森有礼、「教育令ニ付意見」を提出し、学校別の条例づくりを提唱。
八月十二日　再改正教育令の公布。
十二月二十二日　太政官制度を廃止し、内閣制度を創設、そして、第一次伊藤博文内閣誕生。森有礼、その初代文部大臣となる。
一八八六（明治十九）年
三月二日　帝国大学令の公布。
四月十日　師範学校令・小学校令・中学校令・諸学校通則等の公布。
十一月十五日　万国赤十字条約加盟。
一八八七（明治二十）年
四月二十日　首相官邸で大仮装舞踏会を開催、その非難たかまる。
五月二十一日　学位令公布。
六月一日　伊藤博文首相等、憲法草案の検討開始。
一八八八（明治二十一）年
六月一日　東京天文台設置。
十一月三十日　メキシコとの通商条約（外国との最初の対等条約）に調印。
一八八九（明治二十二）年

二月十一日　大日本帝国憲法・皇室典範を発布。その式典に参加しようとした文部大臣森有礼、刺客に襲われ、翌日亡くなる。
四月一日　市制・町村制施行開始。
一八九〇（明治二十三）年
二月二十六日　地方長官会議「徳育涵養ノ儀ニ付建議」を提出。
十月七日　小学校令改正公布。
十月三十日　教育勅語発布。

以上は、日高真實の少年期から青年期までの日本の主な事項を列挙してみたのであるが、この時期は、正に、激動の時代であった。明治政府は、欧米先進諸国に追いつくため、富国強兵政策をスローガンとして掲げ、様々の施策を実施した。富国のために模範工場をつくったり、強兵のために徴兵令を制定した。そして、そのためには、なによりも、国民教育の普及が重要であると、考えていた。一八七一（明治四）年九月に文部省が設置され、欧米先進諸国の教育制度の調査に乗り出し、翌年九月に、我が国最初の近代教育法である学制が公布された。すなわち、九月四日に、学制の基本理念となる「被仰出書」が、その翌日に、学制の本文が出された。

被仰出書の内容には、四つの特徴がある。

一つは、四民平等の教育を謳っていることである。江戸時代には、身分制が厳しく、通う学校も、教えられる内容も、身分によって、異なっていた。それに対し、身分に関係なく、同じ学校に通い、同じ内容を習うことを原則としたのである。

二つは、男女同じく教育を受けるという国民皆学を原則としたことである。

三つは、実学主義、すなわち、実際に役立つものを教えることを原則としたことである。

四つは、立身出世主義を原則としたことである。

以上のような教育理念の下に、定められた学制の本文の特徴は、次の通りである。

一つは、全国を八大学区に分け、一大学区を三二の中学区、一中学を二一〇の小学区に分け、それぞれの学区に、大学、中学、小学を設置しようとするものである。すなわち、全国に、八つの大学、二五六の中学、五三、七六〇の小学を設置しようとした。そして、学区制は、学校設立の単位であると同時に、教育行政の単位でもあった。

二つは、図（Ⅲ－①）を見れば分かるように、学校体系は、基本的に、小学→中学→大学の三段階となっていることである。東洋では、二段階の分け方であったのが、西洋の学校体系の分け方の三段階の分け方を採用していることである。

三つは、小学校においても、受益者負担で授業料を徴収していることである。

四つは、海外留学を重視したことである。すなわち、優秀な若者を欧米先進諸国に派遣し、進んだ文化を摂取させようとしたことである。日高真實のドイツ留学のルーツは、ここにある。

以上のような特徴をもつ学制は、教育行政の面では、フランス、オランダ、教育内容の面では、アメリカ、イギリス、全般的にみると、ドイツの影響も見られると言われている。

明治政府は、欧米先進諸国の教育制度を参考にして作成された学制を即座に実施できるとは考えていなかった。したがって、実施の順序を九項目にわたって考えていたのである。その第一は、小学校の設置であり、第二は、師範学校の設立であり、第三は、女子教育の普及等々であった。学制が公布された翌年の四月頃から、小学校が、全国的に、設置され始めた。つづいて、その教員を養成する機関も設立されたのである。しかし、学制を実施してみると、いろいろな問題が生じ、スムーズには進行しなかった。それどころか、学制実施に対して不満が生じ、

図（III－①）　学校系統図（明治六年）

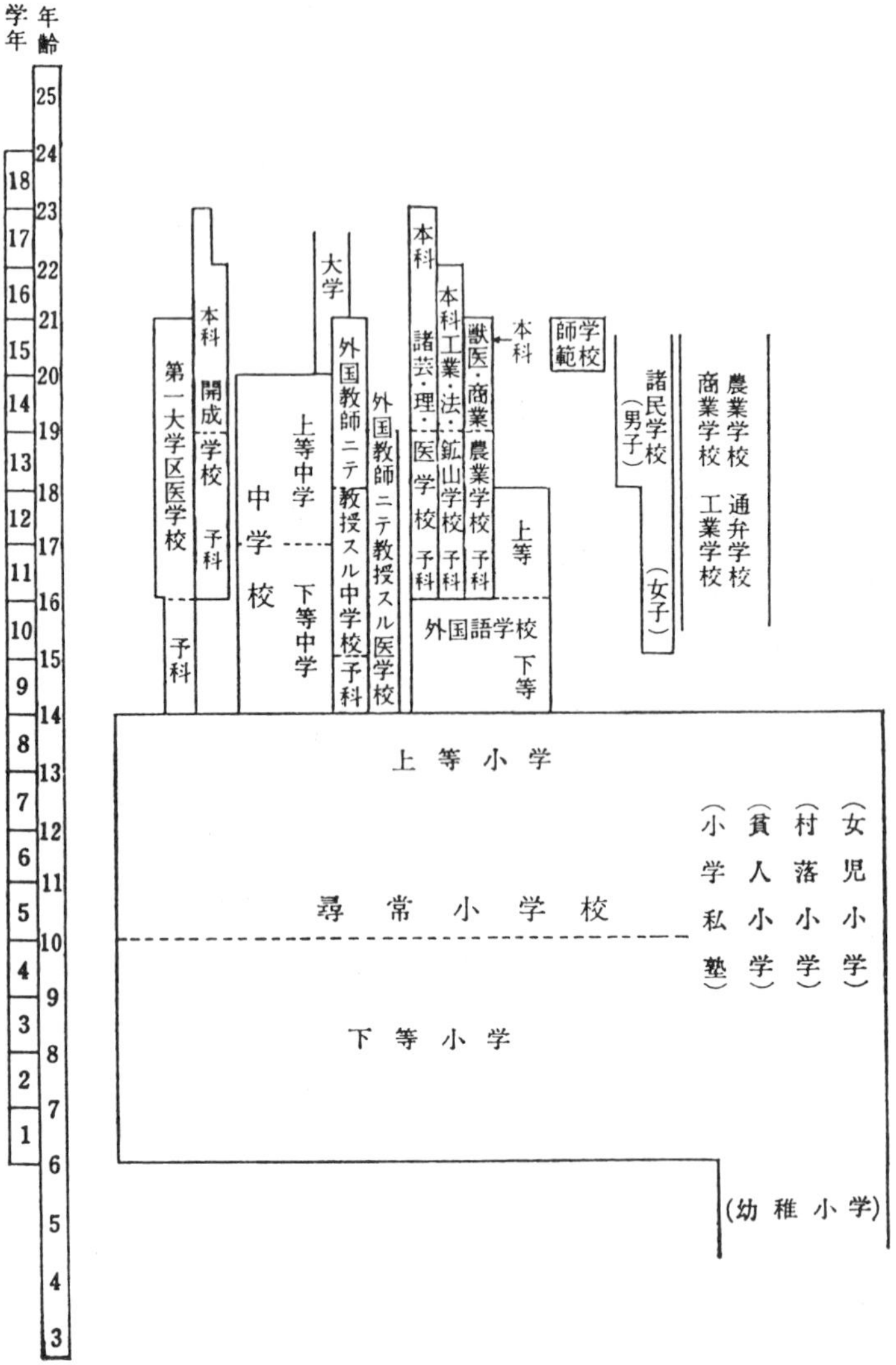

注『学制百年史』による

暴動の一因ともなった。その理由は、基本的に、二つある。

一つは、教科書にしても、教育内容にしても、欧米先進諸国のそれを翻訳したものなので、日本の実情に合致しなかったことである。

二つは、学校設立にしても、学校維持にしても、国民の経済的負担が大きかったことである。

以上の理由等から、学制改革の動きが、文部省内にも出てくる。当時、文部省で実権をもっていた田中不二麿は、アメリカの教育を調査するために渡米した。一八七七（明治十）年一月、田中は帰国すると、西南戦争という国家的危機の中でも、学制改革に真剣に取り組んだのである。その結果が、一八七九（明治十二）年九月二十九日公布された教育令である。教育令は、僅か四七条である。学制の二一三章と比べると、それは、極めて、簡略であるばかりでなく、その内容は、アメリカの教育の影響を受け、地方に教育の権限を委ねるものであった。すなわち、学制の特徴の一つである学区制を廃止し、町村を小学校設立の単位とし、その小学校も、私立小学校があれば公立小学校を設立しなくてもよいとしたこと、学校事務を管理する学務委員を町村人民の選挙としたこと、等々である。教育令は、学制の制度的改革を狙ったものであるが、一方、教育理念の面から学制を改革しようとする動きが出て来る。それは、文部省側からでなく、明治天皇等の側からである。それが、教育令公布直前の八月頃作成されたという「教学聖旨」である。その内容は、教学大旨と小学条目二件の二つからなる。前者は、仁義忠孝、君臣父子の大義を教育の根本とすべきであると主張している。後者は、人間の一生で基礎となる小学校教育において重要な点を二つ指摘している。すなわち、一つは、仁義忠孝の思想を幼少の頃から徹底的に教えることである、二つは、当時の教育は、高尚で実際生活と遊離しているので、国民の大部分を占めている農商の子弟に適した実際生活に即した教育を実施すべきだと主張している。このような儒教主義的な教育観は、その後、教育勅語に受け継がれ、戦前の教育理念として主流となっていく。

教育令は、教育の着実な土着化を狙ったものであったと言われているが、実施してみると、それは、自由放任主義と解され、学制時代着実に上昇していた小学校の設立数および就学率が減退した。予想されたこととは言え、これが、一八八〇（明治十三）年二月五日から開催された地方官会議においても問題となり、教育令改正の建白書までも提出された。地方官会議が閉会となった翌日の二月二十八日、文部卿寺島宗則に代わって河野敏鎌が文部卿に就任した。そして、永年、文部行政の首脳であった田中不二麿も、文部省を去った。政府は、文部省の人事の一新を図った。それと同時に、文部省は、教育令の改正へと、歩を進めて行った。

教育令改正は、一八八〇（明治十三）年十二月二十八日、公布された。それは、教育令の条文を修正し、三カ条を加えて五十条となるが、六カ条を削除したので、有効な条文は、四十四カ条である。教育令改正は、形式的には、教育令の改正であるけれども、教育令の内容を一変するものであった。一言で言えば、教育令は、教育の権限を地方に大幅に委ねていたのに、教育令改正は、教育に対する国の権限を強化するものとなった。具体的に言うと、教育令と比較して、教育令改正の異なる主な点は、つぎの通りである。

一つは、重要な事項については、文部行政の最高責任者である文部卿の認可を必要とするとしたこと。

二つは、府知事・県令の教育に対する権限を強化したこと。

三つは、就学義務の強化を図ったこと。

四つは、教育令で教科の末尾に置かれていた修身が教科の筆頭に置かれたこと。そして、修身教科書は、儒教主義思想に基づいて作成されるようになったことである。まさに、教学聖旨の精神が生かされることとなった。教育令改正直後から、地方の教育の諸規則は、整備されてくる。それは、文部卿の権限が強化されてきたからであろう。

しかし、主に経済的な理由から、教育の普及は、遅々として進まなかった。

図（III－②）　学校系統図（明治十四年）

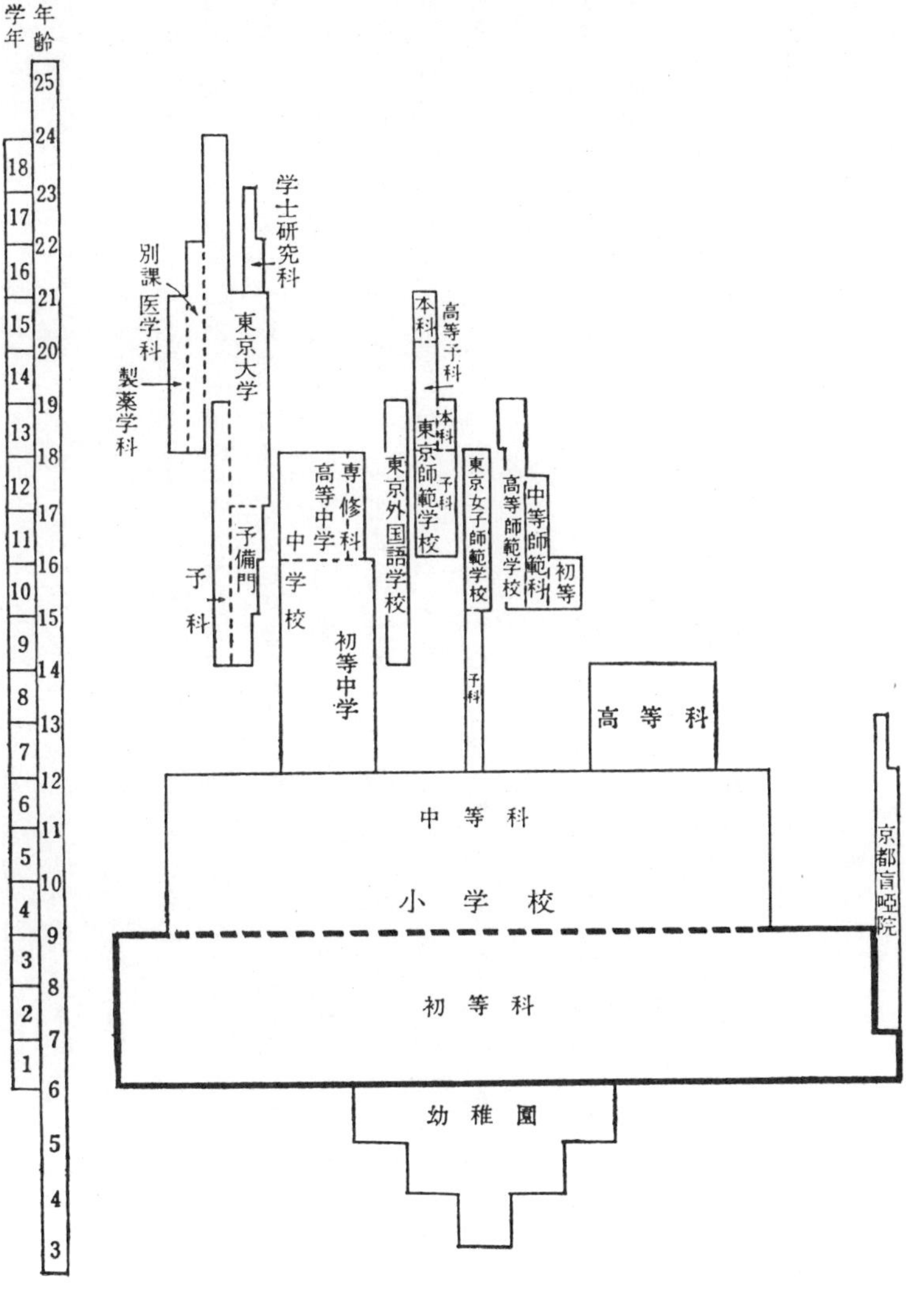

注『学制百年史』による

その後、日本の教育が一段と進んだのは、森有礼が文部大臣に就任してからである。森は、一八八五（明治十八）年十二月二十二日、太政官制から内閣制に代わり、文部省の最高責任者の名称が文部卿から文部大臣に改められた最初の文部大臣である。一八七一（明治四）年九月二日、文部省が設置される。それから約十日遅れて、大木喬任が初代文部卿に任命される。それ以来、文部省の最高責任者である文部卿及び文部大臣は、今日まで、一三〇名を超している。その中で最も有名なのが、森有礼である。森は若いときから教育に関心を持ち、欧米先進諸国の教育を研究していた。伊藤は、森の教育的識見を買い、文部大臣に任命したのであった。

森は、文部大臣に就任すると、積極的に、しかも、精力的に、教育改革に乗り出した。その教育改革における彼の根本的な教育思想は、国家富強主義の教育政策であった。すなわち、明治維新政府のスローガンであった富国強兵を達成するためには、教育は、どうあるべきかを考えたのである。

先ず、彼は、学校制度の整備を図った。学制、教育令、教育令改正等と異なり、学校種別に、法令を整備した。文部大臣就任の翌年三月二日、帝国大学令、四月十日、師範学校令、小学校令、中学校令、諸学校通則等を公布した。

何れの学校も重視したのは言うまでもないが、その中でも、彼は師範学校を重視したのであった。彼は、つぎのように語っている。

「苟モ日本男児タランモノハ我日本国カ是迄三等ノ地位ニ在レハ二等ニ進メ二等ニ在レハ一等ノ地位ニ進メ遂ニ万国ニ冠タランコトヲ勉メサルヘカラス然レトモ之ヲ為ス固ヨリ容易ノ事ニアラス唯恃ム所普通教育ノ本源タル師範学校ニ於テ能ク其職ヲ尽スニ在リ……此外ニモ国運ヲ進ムルノ方法許多ナルベシト雖モ　十中八九ハ此師範学校ノ力ニ依ラスンハアラス」(1)

また、彼は、つぎのようにも言っている。

「師範学校ニシテ其生徒ヲ教養シ完全ナル結果ヲ得ハ普通教育ノ事業ハ既ニ十分ノ九ヲ了シタリト云フヘキナリ否之ヲ十分成シ得タリト云フモ可ナラン。(2)」

森は、富国強兵の基礎となる普通教育の普及には、師範教育の充実が重要だと考えていたのである。したがって、師範学校は、軍隊式教育を取り入れ、学生を全寮制、全額給費生にし、そして、徴兵免役等の特典を与えたのである。師範学校を重視したのは、日高真實も同じであった。

森は、三期続けて文部大臣を務めたが、一八八九（明治二十二）年二月十一日、大日本帝国憲法発布の記念式典に参列するため官邸を出ようとしたとき、刺客に刺され、翌日、亡くなった。しかし、彼の教育路線は受け継がれる。そして、翌年、小学校令改正、教育勅語が発布されることによって、日本の近代教育の基礎が確立される。

注（1）日下部三之介編『文部大臣森子爵之教育意見』「埼玉県尋常師範学校ニ於テノ演説」明治二十一年三月十日一三頁。
（2）同前書　二頁。

図（Ⅲ－③）　学校系統図（明治二十五年）

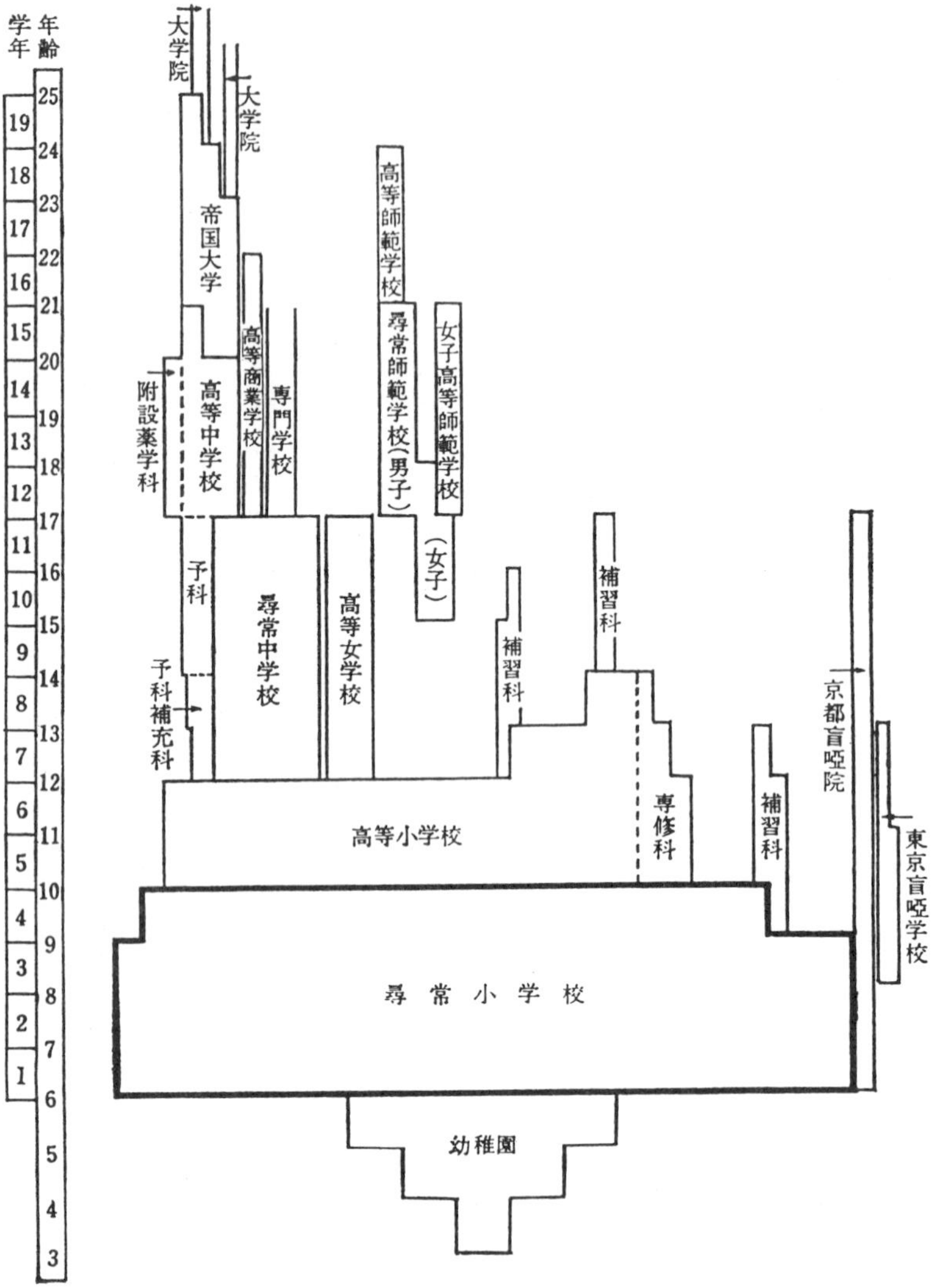

注『学制百年史』による

第二節　一家の上京

真實の父・日高誠實の伝記『如淵日高誠實先生伝』によって、上京後の誠實の経歴をみてみよう。(1)

一八七二（明治五）年
四月十日　陸運省九等出仕を命ぜられる。
一八七三（明治六）年
四月三日　陸軍大尉に任ぜられる。第一局第五課仰付らる。
八月十四日　歩兵課仰付けらる。
一八七四（明治七）年
二月二十六日　佐賀征討総督随行を仰付けらる。
三月六日　帰京す。
一八七五（明治八）年
十一月二十日　病気のため辞表を提出したが、却下さる。
十二月十日　八等出仕に補され、第一局第五課出仕法則掛兼務申付けらる。
一八七七（明治十）年
九月二十七日　西南の役征討中の事務編纂掛兼務申付けらる。

一八七九（明治十二）年
十二月二十七日　編纂課出仕申付けらる。（参謀本部）
一八八四（明治十七）年
八月三十日　参謀本部出仕仰付けらる。
一八八六（明治十九）年
三月三日　非職仰付けらる。
七月七日　千葉県市原郡白鳥村西沢の仙郷に居を構える。付近の御料地原野を拝借す。梅、桃数千を移植。大和の月ケ瀬に比し、梅ケ瀬と命名す。
一八八七（明治二十）年
牧畜、林業を経営す。
一八八八（明治二十一）年
私塾梅瀬書堂を建つ。学校の外別に寄宿舎を設ける。
一八八九（明治二十二）年
六月　非職満期により賜金三百円を受ける。
一九一五（大正四）年
八月二十四日　逝去。

誠實は、一八六八年に、高鍋藩明倫堂の教授に任ぜらる。その後、高鍋藩での彼の地位は、徐々に上がって行く。一八七一年一月二十二日（明治三年十二月二日）、高鍋藩権大属に任ぜられ上京。廃藩置県後、一八七二年四月十日（明治五年三月三日）、陸軍省九等出仕を命ぜられる。明治政府は、軍事制度の整備・確立をも急務とした。その大きな第一歩となったのは、一八六九年八月十五日（明治二年七月八日）に設立された兵部省であった。兵部卿を補佐した兵部大輔大村益次郎は、鋭意、兵制改革を推し進めてきたが、暗殺され、その実現を見ることが出来なかった。しかし、一八七二年四月四日、兵部省は、廃止され、海軍省と陸軍省が設置されたのである。日高誠實は、その頃、陸軍省の職員となったのである。翌七三年には、陸軍省八等出仕を申し付けられ、陸軍大尉に任ぜられ、第一局第五課勤務となった。同年三月二十四日布告の陸軍省職制は、つぎの通りである。(2)

これによると、陸軍省は、大きく七局に分けられる。第一局は、通報、軍務、第二局は、歩兵、騎兵、第三局は、砲兵、第四局は、工兵、第五局は、陸軍会計事務、第六局は、陸軍文庫、第七局は、北海道兵備を司るのであった。第一局は、さらに、第一課（一般往復、軍務）、第二課（徴兵）、第三課（将官、参謀、兵学寮）、第四課（軍法、葬祭）、第五課（記室）、第六課（翻訳）に分けられ、それぞれの課長には、少佐が就任した。第一局第五課というのは、記室といわれ、その課長は、六等の官等であり、その下に十五等までの職員がいた。日高誠實は、八等出仕で、陸軍大尉であった。その課は、つぎのような事務を担当した。(3)

第五課　陸軍記室　賞牌

課長少佐一人　尉官并課僚

一詔勅并ニ欽定ノ報告文ノ上簿ノ事

一諸詔勅諸論旨諸法度諸條例諸決議及ヒ諸回達ノ類聚蔵納ノ事

一軍人軍属外国ニテ死没ノ時其本貫ヘ届書ノ写等収蔵ノ事

一陸軍日誌ノ蒐輯出版ノ事

表（III－①）　陸軍省職制（一八七三年三月）

陸軍省									
等級	陸軍卿官房	第一局	第二局	第三局	第四局	第五局	第六局	第七局	陸軍會議
一等	卿	通報 軍務	歩兵 騎兵	砲兵	工兵	陸軍會計事務	陸軍 文庫	北海道 兵備	
二等	大輔								首座将官一人 監督長一人
三等	少輔	局長中少将一人				局長監督長一人	騎兵尉官一人	此局現今未タ置カス若事相係ルアレハ第一局ニ属シテ処置ス	
四等	大丞		局長少尉一人	局長少尉一人	局長少尉一人	副長監督一人			少将三人 海軍少将一人 監督一人 軍医監一人
五等	参謀大佐一人 少丞	副長大中佐一人	副長大中佐一人	副長大中佐一人	副長大中佐一人	一等副監督三人	副長参謀大佐一人		参謀大佐一人 要塞部大佐一人 憲兵大佐一人 歩兵大佐一人 騎兵大佐一人 砲兵大佐一人 工兵大佐一人 一等軍医正一人 海軍大佐一人
六等	参謀中佐一人	第一課 一般往復軍務 第二課 徴兵 第三課 将官参謀兵學寮 第四課 軍法葬祭 第五課 記室 第六課 翻譯	第一課 歩兵人員 第二課 騎兵人員 第三課 騎馬 第四課 輜重 第五課 憲兵	第一課 砲兵人員 第二課 材料清算	第一課 工兵人員 第二課 材料清算	第一課 糧食薪炭 第二課 被服陣営諸具 第三課 病院病軍 第四課 官禄給料清算査閲 第五課 調書規例 第六課 清算照會 第七課 材料清算 第八課 経費表退職料 第九課 省内経費	測量 地図 絵図 彫刻 兵史 政誌 蒐輯		参謀中佐一人 要塞部中佐一人 憲兵中佐一人 歩兵中佐一人 騎兵中佐一人 砲兵中佐一人 工兵中佐一人
七等	傳令吏 参謀少佐一人 砲兵少佐一人	第一課～第五課 課長少佐一人（各課） 第六課 文武官ヲ雑用ス唯等ノ上ナル者ヲ以テ其持々課事ヲ総裁セシム 課僚	課長少佐一人（各課）	課長少佐一人（各課）	課長少佐一人（各課）	第一課～第四課 課長軍吏一人 第五課～第八課 課長副局監督一人 第九課 課長軍吏一人	参謀少佐	凡諸課々長以上皆定員一人ニ限ルト雖モ現今百端創立ノ際事務殊ニ繁多ナルヲ以テ姑ク数人ヲ併セ任スル者アリ	砲兵少佐一人 馬医正一人
八等									書記 参謀大尉一人 一等軍吏二人
九等	傳令尉官庁								
十等		尉官并課僚（第一課～第五課）	尉官并課僚	尉官并課僚	尉官并課僚	課僚	参謀尉官		陸軍會議別ニ官員ヲ設タルヲ法トス然ルニ當今人員未タ備ラサルヲ以テ姑ク之ヲ缺キ新建創立ノ事アルニ逢ヘハ尊主トシテ省内各局ノ長官并ニ省属諸寮司ノ長官ヲ會シ議定ノ上朝裁ヲ請ヒ施行スル者ナリ基本法ノ如キハ逐年人材輩出ヲ待テ漸次ニ之ヲ設クルヲ期ス
十一等	歩兵大尉一人 騎兵大尉一人 工兵大尉一人								
十二等									
十三等	課僚二人								
十四等									
十五等									

（本局記録中陸軍卿持参允裁ヲ諸侯義ニ付伺書ナキ旨陸軍省ヨリ申出ルト記載ス）

一法例ノ改正増加ハ其順次ニ従テ本書ニ挿入シ之ヲ陸軍諸官廨ヘ送達ノ事
一参謀部憲兵部歩騎兵隊軍吏部ノ差遣諸役并ニ臨時派定ノ諸役ニ就テ役後其書類ノ納蔵ノ事
一勲級ニ叙スル詔書賞牌ノ免許追思記功泉并ニ外国ノ勲級服飾ニ係ル事務記注ノ事
一退職願御免休職免職罷職兵種互換ノ将校ニ就テ奏上スル連名報告ノ記注ノ事
一陸軍官員録ノ記注出版ノ事
一陸軍官員ノ多寡諸官省ニテ入用ノ時記注送達ノ事

その後、一八七四（明治七）年八月九日、「官房御用兼勤仰付けらる。」、一八七五（明治八）年九月五日、「法則掛兼勤仰付けらる。」、一八七七（明治十）年九月二十七日、「鹿児島暴徒征討中の事務編纂掛兼務申付けらる。」、一八七九（明治十二）年十二月二十七日、「編纂課出仕申付けらる。」、一八八四（明治十七）年八月三十日、「陸軍省御用掛仰付けら」る。そして、一八八六（明治十九）年三月三日、彼の長男真實が、帝国大学を卒業する同月、満五十歳で陸軍省を退職する。

陸軍省に在職中、日高誠實は、必ずしも、陽の当たる所を歩いたのではなかった。彼は、言うまでもなく、職業軍人ではなく、儒学を学んだ学者でしかなかった。したがって、陸軍省在職中は、課長の下で、漢学の知識を生かして事務を執る下級役人でしかなかった。彼は、役人時代、次のようであったと言う。

「血気盛りの三十七歳より十四年間は、陸軍に奉じられた。其の間、たゞ一回の叙位に甘んじ、同僚の栄進を嫉視するでもなく、羨望するでもなく、孜々として職務に是れ励み、唯天命に従ひ来つた。(4)」

職を辞すると、彼は、豹変する。千葉県令船越衛の斡旋で、千葉県市原郡大久保村白鳥の広大な土地を得た。そこに、数千本の梅ノ木を植え、梅ケ瀬と称した。また、開墾し、田畑とし、池を造って養魚をした。さらに、山野に牛羊を放牧し、原野を借りて植林などもした。(5)

産業開発を行う一方、上京する以前、高鍋藩藩校の教授であった日高誠實は、一八八八(明治二十一)年、官許を得て、私塾梅瀬書堂と八十名収容の寄宿舎を建て、青年の教育に当たったという。教科目は、国語漢文、作文、英語、数学、体育、実習であった。教師として長州出身の桂半助が国語漢文、豊後出身の入田末男が英語、数学、同族の日高亭一が体育、実習を担当したという。この塾には、君津、市原、長生、山武、夷隅の五郡の子弟が、閉塾される一九〇一(明治三十四)年までに、約一、〇〇〇名通塾したと言われている。その中には、後年、名を成したものもいた。そして、誠實は、一九一五(大正四)年八月二十四日、満七十九歳で亡くなる。彼の長男真實が亡くなって二十一年後である。(6)

注
(1) 市原蒼海著『如淵日高誠實先生伝』千葉県立図書館　昭和十二年六月十五日　一～四頁。
(2) 内閣記録局編『法規分類大全』兵制門　陸海軍官制　陸軍一　二七三～二七四頁。
(3) 同前書　三七三頁。
(4) 前掲書『如淵日高誠實先生伝』七頁。
(5) 同前書　九～一〇頁。
(6) 石川正雄『日高耳水一族』(昭和五十六年七月六日　講演資料)による。

第三節　同人社・東京英語学校・東京大学予備門時代の真實

誠實の母・蔦子（一八一五～一八七一）は、一八七一年九月二十一日（明治四年七月二十八日）、上江村高月（現在の宮崎県高鍋町）で亡くなる。真實は、才色兼備の祖母蔦子から、三～四歳の頃から詩や漢学を学んだという。その頃、彼は、既に、三字教、唐詩選等を誦したと伝えられている。(1)

蔦子が亡くなったためか、父の上京後、三年経った一八七四（明治七）年、父誠實の後を追って、一家は、上京する。真實、十歳の時である。そして、早速、同人舎（社）分校に入舎したという。その月日は、分からない。そして、同人舎なるものが、何か、詳らかでない。しかし、同人舎は、多分、中村正直（一八三二～一八九一）の設立した同人社であろう。中村正直は、一八三二年、江戸に生まれ、昌平坂学問所で学び、幕末の一八六六（慶応二）年、イギリスに留学、そして、一八六八年に帰国。一八七〇（明治三）年、彼の有名な『西国立志編』という翻訳書を出版した。人々は、これを争って買い、読んだ。この書は、福沢諭吉著の『西洋事情』、内田正男著の『輿地誌略』とともに、明治の三書と言われ、初版でも数十万部売れたという。彼の名は、日本全国に広まっていたのである。ある本は、つぎのように記述している。

「仮りに翻訳者の名を知らなかったとしても、恐らく明治時代の青少年の輩にして『西国立志編』を一読しない者はなかったと思ふ。仮し一読しない迄も、其の書名を聞知しなかった者は一人としてないと云ふも決して妄断ではない。爾く『西国立志編』の一巻は明治中葉の青少年を修養し、発奮せしめ青雲の志を助長したことは実に測り知る可からざる処で一と度びこれを繙けば感激紙幅の間に溢るの概があったのである。文化進み印刷出版の業の発達した今日、或は青年の修養書なるもの巷間の店頭に堆載してゐるかも知れない。然し文化の黎命（明カ）期であった明治中葉には、これ程感動を与へ若人の鵬志を刺激したものは全く他になかったと云つても過言ではない。(2)」

この記述から分かるように、一万円札の肖像となった福沢諭吉と並んで、中村正直は、明治時代の若者のスターであった。真實が学んだ同人舎は、中村正直が創設した同人社であったであろう。

当時、有名な私塾は、三つあった。

「その当時に在って私塾として福沢諭吉翁の慶応義塾あり、近藤真琴翁の攻玉舎あり、偶々この両塾舎は城南の芝に設けられた関係上、敬宇先生の同人社は山の手の城北に舎屋を構えたので三者鼎立の形勢を示してゐたのである。私塾を設けて人材を養成する個性の豊かな教育方法は、教育機関の完備しない当時としては最も欠く可らざる施設であり、又、世人の要望する処でもあったから、塾舎の主となり、師範と仰がる、人の人格、学識、思想等悉くその門を敲く子弟の知徳を養成するのは言を俟たない処である。従って先生の如き人格者を統率する同人社が、全国青年の志す標的となったこと亦当然のことであった。(3)」

当時、慶応義塾、攻玉舎、同人社は、日本の三大私塾と言われていた。真實が上京した頃の三大私塾は、明治七年の『文部省年報』によると、(4)生徒数からみても、抜きん出ている。

同人社の私学開業願が一八七三（明治六）年五月、東京府に提出された。

名称	何立	位置	設置	何語	教員	外国教員	生徒	学校主
攻玉塾	私	東京 新銭座町	明治五年	英	一	英一	男三五一	近藤真琴
慶応義塾	私	東京 芝三田野	同六年	同	一三	英一	男五二六	福沢諭吉
同人社	私	東京小石川 江戸川町	同六年	同	一〇	英一 同女一	男二三五 女一八	中村正直

これによると、学校は、東京府管下第四十六区三小区小石川江戸川町十七番地に位置し、英学、算術、支那学を教授するのであった。その中でも、英学を主とした。そして、それらは、三級に分けられ、綴字法・単語・会語（話カ）の類より地理・歴史・究理・経済・修身学等の書を訳読・輪講させた。算術は四法及び開方より代数・幾何・微分・積分に至るまで等級に応じ授業が行われた。支那学は、英学の余力をもって初学読本・皇漢・西洋翻訳書等を生徒の力に応じ授業したのである。授業時間は、午前九時から午後四時までであった。そして、入塾生は、全寮制で「夜中九時迄ニ各室ヲ見回リ、且ツ人員ヲ改メ、不在数度ニ及ハバ退塾」させたのである。真實が入舎した明治七年は、同人社は、開業早々であり、生徒数は、慶応義塾、攻玉社に劣るとしても、活気溢れるものであった[5]。生徒数は、他の二塾より少ないとしても、外国人教員は、二人もおり、その内の一人は女性であり、女子生徒も、一八人もいたのである。

上京した真實は、そのような塾で学んだ後、一八七五（明治八）年十一月、東京英語学校に入り、英語学を修業することとなった。満十一歳の時である。

東京英語学校は、南校→第一大学区第一番中学（一八七二年九月）→開成学校（一八七三年四月）→開成付設外国語学校（一八七三年八月）→東京外国語学校（一八七三年十一月四日）という系譜を経て、一八七四（明治七）年十一月二十二日、東京外国語学校の英語科が分離独立して、東京英語学校となる。外国語学校は、語学の専門教育機関としての側面と上級学校への進学予備教育機関という側面の両方を有していた。英語科が東京英語学校と分離独立するころ、当時の最高学府である東京開成学校の専門学科は、英語で授業することになっていたので、東京英語学校は、その予備教育機関となっていった。

日高真實は、約一カ月後に、入学する。その当時の学校職員は、学校長一人、同心得一人、教員二〇人、吏員八人、医員二人、諸雇二人、計三四人である。御雇外国人教員は、アメリカ人四人、イギリス人七人、計一一人である。翌明治九年一月から八月までのそれは、学校長一人、同心得一人、教員内国人二四人、外国人（イギリス人五人、アメリカ人四人）九人、吏員一三人である。(6)

校則によると、(7)「当校ハ英語学ヲ志ス者ヲ教授シ上下二等ノ語学教科ヲ卒業スルヲ以テ法トスル事」を目的とするのであった。ただし、「専門学校ニ於テ生徒ヲ募ルトキ其試問ニ合格スヘキ教科ヲ踏ミタルモノハ上等語学ノ教科未タ卒業ニ至ラスト雖トモ各自ノ望ニ任セ専門学校ヘ移ラシムルコト亦アルヘキ事」と、定めている。教科は、上等語学と下等語学とに分け、それぞれの修業年限を三カ年とした。さらに、三カ年を六級に分け、「毎年半年即チ一期ノ課業トナシ一日正課ヲ四時間ト定」めた。学年の始めを九月一日とし、その終わりを翌年の七月一五日と定めた。また、一年を九月一日から翌年の二月十四日までを第一期、二月十五日から七月十五日までを第二期とに分けた。入学は年二回で定期試業後を原則とし、臨時入学も認めた。入学者は、「其年齢十三年以上十七年以下タルヘキ事」（但学業優等ノ者ハ年齢此限ニアラサル事）とし、「当分生徒六百員ヲ以テ限トスル事」と、入学者定員を六〇〇名とした。

東京英語学校が設立されると、その反響が大きく、入学志願者が激増して来る。東京外国語学校英語科時代の生徒は、一八七三（明治六）年、二九四人であったのが、七四年、三三七人、東京英語学校となる翌年の七五年には、六二九人と激増する。(8)これは、専門教育を行う東京開成学校が教授用語として英語を採用したことにより、東京英語学校が、その予備教育機関としての性格をもつようになったことに因るのであろう。

日高真實は、彼の履歴書によると、「明治八年十一月　東京英語学校ニ入リ英語学修業」とあるが、彼が生まれたのは、一八六四年十月十七日（元治元年九月十七日）であるので、東京英語学校に入学したのは、満十一歳と一カ月ということになる。入学年齢は、満十三年以上十七年以下ということなので、「学業優等ノ者ハ年齢此限ニアラサル事」という但し書きによって入学したのであろう。

真實の入学当初の頃の東京英語学校は、前述したように、下等語学（三年）と上等語学（三年）とからなるが、先ず、入学すると、下等語学第一年第一期第六級に入る。その教則は、つぎの通りである。[9]

「　　　　下等語学

○第一年　　第一期

　第六級

ウィルソン氏綴字書

チャンブル氏第一読本

連語編

スペンセル氏第三及ヒ第四習字本

一　語学　　　一週間九時

　通常物名単語連語及ヒ通常会話ヲ教フ○教師撰集シタル単語適宜ノ連語及ヒ通常ノ会話ヲ以テ課トシ且更ニ単語連語ヲ設テ之ヲ授ケ且前日ノ課程ヲ復習セシム○時宜ニヨリ連語篇ヲ用ユベシ

　発音ヲ明ニシ読声ヲ正スガ為メニ毎日元音ヲ練習セシメ且人々ノ誤音ヲ正スニ合同練習ヲ設ケ且音図ヲ用ユベシ

二　読方及ヒ綴字　　一週間六時

在期中チャンブル氏第一読本ヲ卒ラシムコト発音ヲ正シ及ヒ辞義文意ヲ誤ルコトナキ様注意スヘシ又発音ヲ正スカ為ニ合同読課ヲ設ク

各読章ノ首ニ掲載セル単語其他章中ヨリ撰集セル単語ヲ口綴（書ヲ綴ルニアラズ）セシム○綴字書中ヨリ抜粋シタル綴字課ヲ諳誦セシム

三　算術　　一週間三時

実物ヲ数ヘシメ以テ計数ノ考ヲ発起セシメ数字ヲ諳読シ且之ヲ書記シ加減乗及単易ノ除法中ニ就テ簡易ノ問題ヲ解答セシメ且加減乗ノ表ヲ諳誦セシム○加倍数ヲ口誦シ例ヘハ一三五七九等毎次二ヲ加倍スルノ数ナリ又三六九十二等ハ毎次三ヲ加倍スルノ数ナリ」此等ヲ速ニ誦セシムルヲ云フ或ハ簡易ノ問題許多ヲ諳誦セシメ以テ暗算ニ熟達セシム○各生徒ニ石盤筆ヲ付与ス教授ハ全ク口授ヲ以テス

四　習字　　一週間六時

在期中第三第四習字本ヲ卒ラシム○筆ノ持方及ヒ体ノ位置ヲ守ラシメ習字本ヲ清潔ニ保タシム

五　唱歌

六　体操

○第一年　　第二期

第五級

ウキルソン氏綴字書

チャンブル氏第二読本

連語編
スペンセル氏第五第六習字本
音図
一　語学　　　一週間九時
練習第一期ノ如シ此練習ノ目的ハ生徒ヲシテ広ク語ニ通セシメ以テ正キ文章ヲ作ルヲ得セシムルニアリ
○発音及ヒ読声ニ注意スルコト前期ノ如シ
二　読方及ヒ綴字　　　一週間六時
在期中チャンブル氏第二読本ヲ卒ラシム○練習第一期ノ如シ各読章ノ首ニ掲載セル単語及ヒ章中ヨリ抜抄セル単語ヲ口綴セシメ且綴字書中ヨリ抜粋シテ毎日綴字科ヲ付与ス
三　算術　　　一週間三時
加減乗除ノ四大則ノ使用及ヒ分数小数ヲ教授シ石盤塗板上ノ練習ヲ設ク○此等ノ課目中暗算アルヘシ
四　習字　　　一週間六時
在期中第五第六習字本ヲ用ユ○筆勢縦横自由ナラシムル様注意セシメ且首字《カピタルズ》ノ用方ヲ教フ
五　唱歌
六　体操

○第二年　　　第一期
　第四級
教科書

チャンブル氏第三読本
連語編
ロビンソン氏実地算術書
スペンセル氏第七及ヒ第八習字本
地球儀
地図
一　語学　　　　　一週間六時
単語及ヒ通常会話ヲ練習スルコト前期ノ如シ○教師稗史及ヒ短キ小説ヲ講シ生徒ヲシテ復タ之ヲ口演セシメ且短易ノ会話文ヲ授ケテ之ヲ復書セシム
形、大サ、色、草木及ヒ動物ノ事ヲ口授ス○此等ノ口授ハ生徒ノ能力ヲ養成シ且之ヲ了解シテ活用セシムルヲ要旨トス
二　読方及ヒ書取　　一週間六時
在期中チャンブル氏第三読本ヲ卒ラシム○読声滑カニシテ且明瞭ナラシムル様注意セシメ且句点首字ノ用方ニ注意セシムヘシ○読本中ノ一部ヲ綴字セシム
読章ノ尾ニ記載セル文章及ヒ教師ノ抜抄セル文章ヲ読ミ生徒ヲシテ石盤上ニ書取ラシメ其誤脱及ヒ首字等ノ誤用ヲ点検ス○一週間一回手冊上ニ書取ラシメ以テ後日在期中ノ進歩ヲ示スニ供ス
三　文法　　　　　一週間三時
語類ヲ区別シ且学力ニ依テ初メハ簡易ノ文章ヲ作リ終ニ高尚ノ文章ヲ作ルノ方ヲ口授ス○文法上ノ謬誤ヲ正スコトヲ練習セシム

四　算術　　　一週間三時
名数ヲ教フヘシ但シ外国ノ度量権衡ニシテ甚タ要用ナラサルモノハ之チ除ク而シテ其他「メトリック、システム」（寸尺丈等ヲ以テ度ルノ法式ヲ云フ）及ヒ日本度量権衡及ヒ貨幣ヲ教フヘシ○此課程中前期ノ如ク暗算アルヘシ

五　地理　　　一週間三時
地球儀及ヒ地図ヲ以テ地球ノ形状水陸ノ分脈並ニ地球ノ自転地軸両極五帯及ヒ緊要ノ周囲線ヲ講明スヘシ
日本島及ヒ近隣諸国ヲ図題トシテ地図製作ノ大意ヲ教フヘシ○初メ原図ヨリ写サシメ後ニ自己ノ記憶ニ因テ之ヲ製出セシム○成図ハ総テ級中ノ生徒同紙ヲ用ヰ図中ニ其記臆スル所ノ名山大川等ヲ画カシム○此成図ハ之ヲ蔵ヲ以テ後日生徒ノ進歩ヲ示スニ供ス

六　習字　　　一週間三時
在期中第七及ヒ第八習字本ヲ用ユ○善キ書体ヲ得セシムル様注意スヘシ

七　唱歌
八　体操

○第二年　　　第二期
　第三級
教科書
チャンブル氏第四読本
連語編

ロビンソン氏実地算術書
モーリー氏地理書
地図
一　語学　一週間六時
単語及ヒ通常会話ノ練習アルヘシ稗史小説ヲ諳誦セシム艸木、動物ノ名及ヒ其体部性質利用等ヲ口授ス
此口授課ニ基キテ席上作文ヲ設ク○一週間一回題ヲ設テ作文セシメ之ヲ作文集ノ内ニ写シテ生徒ノ進歩ヲ示スニ供ス
二　読方及ヒ書取　一週間六時
在期中チャンブル氏第四読本ヲ卒ラシム○綴字及ヒ書取前期ノ如シ
三　文法　一週間三時
名詞、形容詞、働《（ママ）》詞、及副詞ノ変体《モディフィケーション》ヲ口授シ且作文ノ法ヲ教フ而人文法上ノ誤チ正スコトヲ習ハシム
四　算術　一週間三時
抽分《ポルセンテージ》及ヒ其使用○率及比例
暗算
五　地理　一週間三時
口授及ヒ教科書ヲ以テ教授ス○地球各大洲中名山、大川、都府等地形ノ大略ヲ教フ
地図製作前期ノ如ク生徒記臆ニ依テ各大洲ノ成図ヲ作ラシメ且之ヲ蔵シテ以テ其進歩ヲ示スニ供ス
六　習字　一週間三時

善キ書体ヲ存シ及ヒ書方迅速ナランヲ要旨トス
七　唱歌
八　体操

○第三年　　第一期
　第二級
教科書
ブラオン氏文法書
ロビンソン氏実地算術書
モーリー氏地理書
ウースト ル氏歴史
一　語学　　　一週間六時
単語及ヒ連語ヲ練習スルコト前期ノ如シ又精選ノ文章ヲ諳誦セシム製造品ノ商業ヲヨビ其製造ノ方法ヲ
口授ス
席上作文前期ノ如シ毎週ノ作文ハ作文集ニ写シ置クヘシ
二　読方及ヒ書取　　一週間三時
読本ハ教科書ノ歴史ヲ以テス○教師翌日ノ読課ヲ預メ講読ス且課程中其一部ヲ綴字セシムヘシ○書取前
期ノ如シ
三　文法　　　一週間三時

教科書ヲ用ヰ次序ヲ追テ之ヲ教授シ且作文及ヒ文章ノ謬誤ヲ正ス

四　算術　　一週間三時

開平開立及ヒ面積測量《メンシユレーシヨン》ノ初歩ヲ授ケ算術緊要ノ部ヲ復習ス○暗算アルヘシ

五　地理　　一週間三時

西半球諸国一般ノ地理ヲ学ハシメ各国ニ関スル細詳ノ件欸ハ之ヲ除ク地図製作前期ノ如シ而シテ経緯両度ノ用及ヒ其畍画ヲ講明シ且南北亜米利加ノ地図及ヒ合衆国ノ細図ヲ作ラシム

六　歴史　　一週間三時

在期中教科書ノ半ヲ卒ラシム○教師自ヲ教科書中漏洩ノ記事等ヲ加ヘ教フ

七　習字　　一週間三時

公私ノ書簡ノ体裁ヲ教ヘ之ヲ習字セシム

八　唱歌

九　体操

○第三年　　第二期

第一級

教科書

ブラオン氏文法書

ロビンソン氏実地算術書

モーリー氏地理書

ウーストル氏歴史

一　語学　　　　一週間六時
単語及ヒ連語練習前期ノ如シ○精選ノ文章ヲ諳誦セシム
築造ニ用ユル材料緊要ノ金属、空気、水、呼吸等ノ事ヲ口授ス作文前期ノ如シ

二　読方及ヒ書取　一週間三時
教科書ノ歴史ヲ用ユルコト前期ノ如シ
書取アルベシ

三　文法　　　　一週間三時
文章ノ解剖○文法規則及ヒ其使用○作文ヲ練習シ及ヒ其謬誤ヲ正ス

四　算術　　　　一週間三時
緊要ノ部分ヲ復習ス

五　地理　　　　一週間三時
東半球諸国一般ノ地理
地図製作前期ノ如シ則チ亜米利加、欧羅巴及ヒ亜細亜ノ地図ヲ製シ且貌利顛島及ヒ日本ノ細図ヲ作ラシム

六　歴史　　　　一週間三時
在期中教科書歴史ヲ卒ラシム○日本外国トノ条約及ヒ近時条約国ト交際ノ景況ヲ口授ス

七　習字　　　　一週間三時
習字前期ノ如シ

八　唱歌
九　体操

表（Ⅲ―②）　東京英語学校　下等語学科一週間授業時間表

学科	第一年 第一期	第一年 第二期	第二年 第一期	第二年 第二期	第三年 第一期	第三年 第二期
語学	九時	九時	六時	六時	六時	六時
読方　書方 綴字	六時	六時	六時	六時	三時	三時
文法			三時	三時	三時	三時
算術	三時	三時	三時	三時	三時	三時
地理			三時	三時	三時	三時
歴史					三時	三時
習字	六時	六時	三時	三時	三時	三時
唱歌						
体操						

下等語学科の教則と一週間授業時間から言えることは、つぎのようなことである。

一つは、先ず、東京英語学校という名の通り、語学すなわち、英語を修得させるための学科が中心となっており、一週間授業時間の半分以上が、その時間に当てられている。特に、第一年、第二年において、その傾向が強い。

二つは、そういう中で、算術が、入学当初から教えられていることである。

三つは、学年が上がるにつれて、地理、歴史の教科が、英語で書かれた教科書を使用して教えられていることである。これは、日本の若者の眼を世界へ向けさせようとしたのであろう。

日高真實が、東京英語学校に入学した一八七五（明治八）年十二月現在の文部省への報告によると、下等語学の教員と生徒の内訳は、表（Ⅲ―③）の通りである。[10]

この表によると、第一級から第五級まで、教員は、すべて、御雇外国人である。第六級は、一から十一までの

表（Ⅲ―③）東京英語学校の教員・生徒数（一八七五年十二月現在）

	等級	受持教員	生員	入学	退学	入舎	寄宿	通学	昇級	降級
	第一級	エム、エム、スコット	四					四		
	第二級		二六				八	一八		
	第三級	エフ、エム、レーシー	三一	三			四	二七		二
	第四級一	エフ、エー、マエヤ	四〇	二	一		七	三三	二	
	同二	ピー、ポート	三八	一	一		五	三三		一
	第五級一	エム、フエントン	三四			一	六	二八		
	同二	エッチ、マツカーサル	四二	三	一		四	三八		三
	同三	エッチ、ポート	三五	三	三	一	九	二六		一
下等	第六級一	ダブリュ、ジェー、ホワイト	四五		一	一	一一	三四		一
	同二	イー、エッチ、マジェット	四二		二		三	三九		三
	同三	エフ、ダブリュ、ストレンジ	三二		二		五	二七		
	同四	オー、エム、レーシー	三三	四			七	二六		
	同五	井上真一	三六	一二	二		五	三一		五
		鈴木知雄								
	同六	鮫島武之助	三〇	二			四	二六		九
	同七	佐々木正	四五	五	一			四五		三
		関信三								
	同八	河野盛之進	三〇	二		一	三	二七	一	四
	同九	鈴木敬作	二四	二四				二四		
		佐々木正								
	同一〇	清水彦五郎	二六				二	二四		
	同一一	市郷弘義	三六	三六				三六		
合計		二〇（内九 外一一）	六二九	九七	一四	四	八三	五四六	三	三二

クラスに分かれ、その一から四までは、御雇外国人が、そして、五から十一までを日本人教師が教えている。御雇外国人教師の国籍を見ると、アメリカ人四名、イギリス人七名である。その月給は、二五〇円（一人）、二〇〇円（二人）、一五〇円（七人）、一二五円（一人）である。その月給は、日本人教師のそれと比べると、かなりの高給である。御雇外国人教師の中で最高の給与

を貰っているのは、我が国最初の教員養成機関である官立師範学校が東京に設置された時、最初の教師となったスコットであった。彼は、教授法に優れていたという。特に、英語の指導力は、抜群であったと、卒業生達は、異口同音に言っている。

東京英語学校の教育の様子を、東京外国語学校英語科に明治七年三月に入学し、東京英語学校を卒業した宮部金吾は、学校の様子をつぎのように回想している。(11)

「明治七年三月東京外国語学校英語科の試験を受けて合格し、最下級なる英語学下等六級の丁組に編入された。学校は神田一ツ橋通に在って、現在の学士会館前に当り、元の商科大学敷地内に位置してゐた。この外国語学校の英語学の部門はその年の十二月に分離して東京英語学校となり、旧校舎の筋向なる榊原邸に移った。その敷地は開成学校（後の東京大学）の敷地の隣接地である。なほ余談になるが、東京英語学校は明治十年に廃せられ、大学予備門に変った。

英語学校の教育方針は全部英語の所謂正則主義で、教師は英米人が主となり、下級には邦人が加はり、最下級は邦人のみで担当した。英語学校の学級は一級から六級にわかれ、一級から三級までは一組、四級は甲乙の二組、五級は甲乙丙の三組、六級は甲乙丙丁の四組から成ってゐた。最下級六級の丁組を振出に、各級担任教官監督指導のもとに、毎月若しくは二、三箇月毎に小試験が行はれ、その成績の優良なものは抜擢進級せしむる制度であった。

私は先に記したやうに入学当時は六級の丁組にゐたのであるが、同年五月には級のもの四、五名と共に丙組に進級、六月には乙組に、九月には甲組に、同月重ねて五級の丙組に、十一月には五級の乙組に、翌八年の三月には五級の甲組に、七月には四級の乙組に、十月には四級の甲組に、更に翌九年三月には三級に、九月には二級に、十年の三月には一級に進んだ。このやうに殆ど試験の度毎に幸なる進級をつゞけた。

（中略）

この頃を考へると、教育の制度が丁度一つの大きな過渡時代にあったやうに思ふ。生徒は多く東京で英語の正則教授をしてゐた神田の共立学校からか、横浜の高島学校から入って来た。一級全課目を通じ一外人が算術、読方、綴方、地理、歴史等皆英語の教科書を使用してこれを担当してゐたが、明治九年頃には漢字が課程の中に加った。また翻訳の組も出来た。私がやったのはMurryのPhysical Geographyで、割合に早く二月位で卒業と認められた。この組の受持は教諭下條幸次郎氏であった。教師に就ての思出は今となっては大分散漫になってゐるが、その二、三を記してみよう。六級の頃にポート（POAT）が居た。彼は歯医者志望の英人で、米国遊学の途上を日本に立ち寄ってゐたものである。私の前歯が齲歯になってゐるのを見て直してやるから来るやうにと誘はれたまゝ、彼を訪問した所、前歯の穴にゴムを埋めてくれた。一通りの治療器具が揃って居て、それが馬鹿に美しく清潔に見えた。五級の甲組に居た時にはマッカーサー（MACARTHUR）といふ酒飲みの英人が居た。商人あがりらしく、数学も加減乗除位しか判らなかったらしい。彼は生徒をよく可愛がり、屢々生徒に遊びに来ないかと誘ひかけた。私は級友と共にそこに算術を教はりに行き、分数のことを聞いたら、『分数？そんなこと判らないさ』と平然と答えた。四級の甲組に進んだときにはマイヤー（MEYER）といふ仏人の肥った教師が居り、彼は私の試験点等標に"A good hard working boy"『宮部君は頗る出精なり』との評を与へてくれた。四級を終った時、彼を中心にして撮った記念写真が今私の手許に残ってゐる。……三級の時の教師のフェントン（FENTON）は英人で昆虫学者であった。私が札幌に来た翌年石川千代松君を助として札幌に蝶類の採集にやって来たことがある。二級の時の教師レーシー（LECEY）は米人である。彼は金星が太陽の面を通過した時の観測班に加はって来た侭居残って教師となったので、数学が得意であり、また音楽に興味を持ってゐた。彼は私の点等標に“A model pupil, would make a fine teacher of Arithmetic”なる評をくれた。
一級の教師はスコット（SCOTT）と云ふ米国の教育家で、英作文を教へる事が非常に巧みであった。この組に入ってから英作文の上達は飛躍的であったと思はれ、それが非常に後年のためになった。」

詳細に見ると、宮部金吾の回想は、記憶違いと思われるところもあるけれども、東京英語学校の設立、教育方針、学級編成、教授方針、進級、御雇外国人教師の人格及び学識等についての様子の描写は的確である。日高真實は、宮部金吾より遅れて、一年九カ月後の明治八年十二月、東京英語学校に入学したのであるが、彼の在学時の東京英語学校の様子も、これと変わらなかったものと推察される。

明治政府は、一八七七（明治十）年四月五日、東京開成学校を東京大学と改称するとともに、東京英語学校を東京大学予備門と改称することを許可した。そして、文部省は、同月十二日、つぎのように布達した。

「東京英語学校自今東京大学予備門ト改称東京大学ニ附属セシメ候条此旨布達候(12)」

また、同日、つぎのように、布達した。

「文部省所轄東京開成学校東京医学校ヲ合併シ東京大学ト改称候条此旨布達候事(13)」

これによって、法・理・文・医の四学部からなる東京大学が発足することとなった。東京大学予備門が、旧東京開成学校と旧東京英語学校から完全に脱皮するのは、それが発足して一年二カ月後に制定された『東京大学予備門諸規則』(14)によってであった。それによると、東京大学予備門の目的が、つぎのように定められた。

「予備門ノ学科ハ東京大学法学部、理学部、文学部ニ進ムカ為メノ予備トシテ博ク普通ノ課目ヲ履修セシムルモノトス」

予備門の修業年限は、四カ年で、学年は九月十一日に始まり、翌年の七月十日に終わる。さらに、学年を九月十一日から翌年の二月十五日までを第一期、二月十六日から七月十日までを第二期とした。生徒の入学は、「毎学年ノ始メ一回トス」ることを原則とした。入学志願できる者は、「種痘或ハ天然痘ヲナセシ者ニシテ其年齢十三年以上ノ者タルヘシ」と定められた。入学志願者は、第一号書式に基づき志願し、少なくとも、つぎの課目を予修していなければならなかった。

「一　予修課目
国書　日本地誌要略
英語　綴文　読方
算術　分数　少数」

入学試験に合格しても、すぐ本入学を許されるのでなく、「先仮入学ヲ許シ数日間授業シ以テ其適否ヲ熟察シ然後本入学ヲ許ス」のであった。そして、四カ年間の学科課程は、つぎの通りである。

「 学科課程
第一年
第一期
英吉利語　綴文　読方　文法
数学　算術
地理学
画学
和漢学　日本地誌要略
第二期
英吉利語　綴文　読方　文法
数学　算術
地理学
画学
和漢学　国史擥要
第二年
第一期
英吉利語　作文　文法
数学　算術終ル

地理学
史学　万国史
画学　自在画法
和漢学　日本外史
第二期
英吉利語　作文　文法
数学　代数　幾何
地理学　自然地理
史学　万国史
画学　自在画法
和漢学　十八史略
第三年
第一期
英吉利語　修辞　作文
数学　代数　幾何
史学　太古　中古
生理学
画学
和漢学　日本政記

第二期
英吉利語　修辞　作文
数学　代数　幾何
史学　近世
植物学
画学
和漢学　元明史略
第四年
第一期
英吉利語　英文学　作文
数学　代数終ル　幾何終ル
物理学
動物学
画学
和漢学　通鑑擥要
第二期
英吉利語　英文学　作文
数学　三角法
経済学

物理学
化学　無機
画学
和漢学　通鑑擥要

この学科課程の特徴は、つぎの通りである。

一つは、英吉利語、数学、画学、和漢学が、全学期（八期）を通して、教えられていることである。特に、英吉利語が重視されているのが窺われる。東京英語学校・東京開成学校普通科の学科課程においても、英語を重視していたのには変わりないが、詳細に見ると、その中で、英作文が重視されていることは注目される。後述するように、当時の学生によると、お雇外国人教師の中で一番地位の高かったスコットは英作文の指導に秀でていたという。

二つは、画学が全学期で教えられていることである。東京英語学校の下等語学科ではそれを教えていないけれども、上等語学科の第一〜二学年では教えていた。また、東京開成学校普通科の全学年（第一〜三）でも、それを教えていた。このことから、東京大学予備門の学科課程は、東京英語学校下等語学科のそれを参考にして作成されたものでないことが推察される。

三つは、東京英語学校及び東京開成学校普通科の学科課程になかった和漢学が教えられていることである。しかも、全学年にわたって教えられているのは注目される。

四つは、第一年、地理学、第二年、地理学及び史学、第三年第一期、史学及び生理学、同第二期、史学及び植物学、第四年第一期、物理学及び動物学、同第二期、経済学、物理学、化学等が教えられているのを見ると、東京英語学校の学科課程より、東京開成学校の学科課程を参考にしたものと推察される。

五つは、東京英語学校で教えられていた習字、唱歌、体操の学科を省いていることである。

東京英語学校、東京開成学校普通科の学科課程と比べてみると、以上のようなことが窺えるが、結論的に言うと、一八七八（明治十一）年六月制定の東京大学予備門の学科課程は、東京英語学校のそれよりも、東京開成学校普通科のそれを参考に作成し、東京大学の予備教育機関的な色彩が濃厚となった。(15)

日高真實は、東京英語学校が東京大学予備門と改称され、制度改革された折り、東京大学予備門生となったと推察されるけれども、彼が東京大学予備門を卒業したのは、一八八二（明治十五）年七月である。東京大学予備門の修業年限は四カ年であるので、スムーズに進級して卒業したとなると、彼は、一八七八（明治十一）年九月、東京大学予備門に入学したことになる。しかし、入学年齢は、十三歳以上ということなので、一八七八年九月現在においても、彼は、満十三歳に達していない。しかも、東京英語学校が東京大学予備門と改称された時には、彼は満十二歳にも達していない。したがって、東京英語学校が東京大学予備門と改称された時には、彼は、東京大学予備門の級外生であったのかも知れない。(16)

それはさておき、日高真實は、東京大学予備門に入学した。入学後の試験（業）は厳しく、それは、毎期、時々、行われる通常試験（業）と二月、七月の二回行われる定期試験（業）との二種類あった。生徒の等級は、通常試験と定期試験との合算によって決められるのであった。授業料は、一カ月二円で、毎月四日迄に納入しなければならなかった。教科書は、自弁であった。欠席、無断欠席には厳しかった。休業日は、つぎのように定められていた。

「毎日曜日

毎水曜日ノ半日
神嘗祭　九月十七日
秋季皇霊祭　秋分日
天長節　十一月三日
新嘗祭　十一月二十三日
孝明天皇祭　一月三十日
紀元節　二月十一日
春季皇霊祭　春分日
神武天皇祭　四月三日
夏期休業　七月十一日ヨリ九月十日ニ至ル
冬期休業　十二月二十五日ヨリ翌年一月七日ニ至ル
此外二月定期試験業ノ後三日間ヲ休業トス此他臨時休日ハ其時々掲示スヘシ」

『東京大学法理文学部年報』（明治十一年）[17]では、この頃の東京大学予備門の様子を、つぎのように報告している。

「予備門ハ明治十年四月本部ノ所管トナリシ巳降随テ其旧制ノ釐革モ鮮カラス即チ其教則ニ於テハ一ニ本部ノ学科ニ準拠シテ新ニ課程ヲ定メ学期ヲ四箇年トシ其校舎ニ於テハ事務室教場共ニ全ク本部ニ合併シ其事務ニ於テモ教務ヲ除クノ外用度、書籍、器械ノ庶務一切亦皆然リ此等都テ本学年ノ始ニ当リ施行スル所ニシテ本学年ノ終リニ於テハ予備門内外教員十八人本部ヨリ兼務ノ内外教員十五人ニシテ其生徒ノ現員四十八人トス又本学年中予備門生徒給費節減ノ方法ヲ定ム」

一八七八（明治十一）年六月制定の『東京大学予備門諸規則』は、徐々に微修正されたが、それが大幅に改正されるのは、翌年の十一月においてであった。[18] それは、「設置ノ主旨」、「学年及学期」、「学科課程及授業時間」、「入学」、「試業及証書」、「休業」、「受業料」、「書籍及機械」、「欠課及譴罰」、「寄宿」等々について、より詳細に規定した。

設置の主旨は、以前と変わらないが、九月十一日から翌年の七月十日までの学年を二期に分けていたのが、三期に分けられた。これが、以前と異なる。即ち、九月十一日から十二月二十四日までを第一期、翌年の一月八日から三月三十一日までを第二期、そして、四月八日から七月十日までを第三期とした。二期を三期に分けた理由は分からないけれども、入学を毎学年の始め、一回とし、また、第一年級の入学年齢を十三歳とするのは、以前と変わらない。しかし、入学試験の内容は、少し変わり、これまでの仮入学制度も廃止された。

改正された学科課程表は、表（Ⅲ－④）の通りである。

以前の学科課程と異なる点は、つぎの通りである。

一つは、英吉利語が英語学と変わり、その内容において、釈解が全学期において教えられ、第三年、第四年において、習講が登場していることである。すなわち、英語学の内容が詳細になっているのが特徴である。

二つは、地理学、画学の内容が、明確化されたことである。

三つは、生理学、植物学、動物学をまとめて生物学としたことである。

四つは、経済学を理財学と改称したことである。

基本的には、以前の学科課程とかわらないが、詳細にみると、以上の点が異なる点である。

表（III－④）東京大学予備門学科課程表（一八七九年十一月改正）

第一年　第四級

課目	第一期	第二期	第三期
英語学	読方・文法・綴文・釈解	同上	同上
数学	算術	同上	同上
地理学	政図地理	同上	同上
画学	自在画法	同上	同上
和漢学	十八史略	同上	同上

第二年　第三級

課目	第一期	第二期	第三期
英語学	読方・作文・文法・釈解	同上	同上
数学	算術	代数・幾何	同上
地理学	自然地理	同上	同上
史学	万国史略	同上	同上
画学	自在画法	同上	同上
和漢学	日本外史	同上	同上

第三年　第二級

課目	第一期	第二期	第三期
英語学	修辞・釈解・作文・習講	同上	同上
数学	代数・幾何	同上	同上
史学	万国史	同上	同上
生物学	生理	同上	植物
画学	自在画法	用機画法	同上
和漢学	日本政記	同上	同上

第四年　第一級

課目	第一期	第二期	第三期
英語学	英文学・釈解・作文・習講	同上	同上
数学	代数・幾何	三角法	同上
物理学	重学・水理重学・乾電論	熱論・光論	磁力論・湿伝論
化学		無機	同上
生物学	動物		
理財学			大意
画学	用機画法	同上	同上
和漢学	通鑑擥要	同上	同上

授業は、十一月一日より翌年三月三十一日までは、午前八時三十分に始まり、午後十二時三十分に終わり、四月八日より十月三十一日までは、午前八時に始まり、正午におわる。ただし、和漢学は、午後、別に課すこととなっている。

生徒の学年評価は、学期課業、学期試業、学年試業の三つの評点を通計して行うのであった。それについて細々と定めているが、その比例は、次の通りである。

「第一学期　学期課業　二
　　　　　　学期試業　二
第二学期　学期課業　二
　　　　　　学期試業　二
第三学期　学期課業　二
　　　　　　学期試業　五」

休業は、冬期休業（十二月二十五日～一月七日）、春季休業（四月一日～同七日）、夏季休業（七月十一

日～九月十日）の外、次の日を休業日とした。

「秋季皇霊祭　九月二十三日
神嘗祭　十月十七日
天長節　十一月三日
新嘗祭　十一月二十三日
孝明天皇祭　一月三十日
紀元節　二月十一日
春季皇霊祭　三月二十日」

休業日は、以前と変わらないが、授業料は、一カ月二円から一学期二円となり、かなり安くなった。しかし、教科書等は、「総テ自弁スルモノト」した。

全学科試験を終え、合格すると、証書が与えられ、東京大学の法・理・文の志望する学科へ、本人の希望に応じて進学することが出来た。

注（1）市原蒼海著『如淵日高誠實先生伝』千葉県立図書館　昭和十二年六月十五日　一四頁。
（2）東京毎夕新聞社編『育英之日本』全巻「古今教育功労者列伝」昭和六年十月十三日　二六頁。
（3）同前書　二八頁。
（4）『文部省第二年報』明治七年「明治七年　外国語学校統計表」一〇～一一丁。

（5）高橋昌郎著『中村敬宇』吉川弘文館　昭和四十一年十月十日　一一八〜一二四頁。
（6）『文部省第四年報』明治九年第一冊　三五八丁。
（7）同前書　三五七〜三五八丁。
（8）『文部省第一〜三年報』による。
（9）『東京英語学校教則』（明治八年）（国会図書館蔵）
（10）『文部省第三年報』明治八年　五六五〜五六六丁。
（11）宮部金吾博士記念出版刊行会編『宮部金吾』岩波書店　昭和二八年十二月十日　二六〜三〇頁。
（12）『太政類典』第二編　二四五巻之下
（13）『太政類典』第二編　二四五巻
（14）国会図書館と国立公文書館蔵
（15）拙著『エム・エム・スコットの研究』風間書房　一九九五年三月三十一日　二〇八頁。
（16）同前書　二〇二頁を参照のこと。
（17）『文部省年報』明治十一年　三四丁。
（18）『第一高等学校六十年史』昭和十四年三月三十一日　三九〜五〇頁。

第四節　東京大学・帝国大学時代の真實

日高真實は、一八八二（明治十五）年九月、東京大学予備門を卒業し、東京大学文学部哲学科に入学することになる。満十七歳の時である。

彼の入学した頃の東京大学の様子を、『東京大学第三年報』（起明治十五年九月止同十六年十二月）を通して、見てみよう。当時、東京大学は、法学部、理学部、文学部、医学部の四学部からなっていた。

一八八三（明治十六）年十二月末調の教職員は、総理一人を、始として、一六二人であった。

「法理医文学部教員ハ部長各一人ニシテ其教員ハ教授三十二人奏任助教授七人及准奏任御用掛十七人判任助教授三十二人判任及准判任御用掛三十一人嘱託員十五人雇員十一人外国教師十三人ニシテ合計百六十二人ナリ」

この他、他官庁等より兼勤するものがいたが、日高真實が所属した文学部は、つぎのような教員構成であった。

「文学部長　一人　教授より兼任
教　授　九人　内法理医学部より兼勤四人
講　師　十二人　奏任三人（内他ヨリ一人法学部より一人予備門より一人兼勤）
　　　　　　　　准奏二人
　　　　　　　　嘱託七人
助教授　三人　判任（内一人法学部より兼勤）
准講師　八人　判任五人（内文部省より三人予備門より一人法学部より一人兼勤）
　　　　　　　　准判三人
准助教授　一人
史学講義嘱託　一人

外国教師　　　三人
合　計　　　三十八人(1)」

真實の入学当時の『東京大学文学部教員受持学科表』(自明治十五年九月至明治十六年七月)は、表(Ⅲ－⑤)(2)の通りである。

日高真實は、一八八二(明治十五)年七月、東京大学文学部に入学した。翌月の八月末に調査された表(Ⅲ－⑥)『東京大学法理文学部学生一覧表』(3)によると、法学部は、三三名、理学部、七〇名、文学部、三三名、合計一三六名である。文学部を詳細にみると、文学部には、哲学科、政治・理財学科、和漢文学科の三つが置かれていた。入学時には、哲学と政治・理財の専攻は一緒に募集され、第二年次において、それぞれの専攻に分けられている。哲学を専攻するものは、各学年一名か、二名で少ない。明治十五年十二月末の東京大学学生の現員表は、表(Ⅲ－⑦)(4)の通りである。その中から文学部学生を抜粋して作成したのが、表(Ⅲ－⑧)(3)である。この表から見ても、哲学専攻の学生は、一名と少ない。

文学部は、以上の学科の外、撰科(二年間、先生四名)、古典講習科とその撰科(二年間、学生三六名)がいた。

日高真實の第一学年次の文学部の学科課程表は、前掲の表(Ⅲ－⑤)の通りである。彼は哲学専攻であるので哲学を学んだのであるが、その中でも西洋哲学を中心に学んだのであった。西洋哲学は、外山正一とフェノロサが教えている。外山正一は、第二学年で、英文学、史学、心理学、第四学年で、哲学を教え、フェノロサは、第一学年、論理学、第二学年で、哲学、第四学年で、哲学を教えている。当時、教員は、教えた内容を文部省に報告する義務があった。外山正一は、『東京大学第三年報』で、つぎのように報告している。

表（III－⑤） 東京大学文学部教員受持学科表（自明治十五年九月至十六年七月）

部	第四年	第三年	第二年	教員
哲学科	哲学		英文学、史学、心理学	外山正一
哲学科	哲学		哲学	フェノロサ
哲学科	支那哲学、漢文			中村正直
哲学科	印度哲学			原担山
哲学科	印度哲学			吉谷覺壽
哲学科	東洋哲学		東洋哲学	井上哲次郎
哲学科			漢文学	信夫粲
哲学科			英文学	コックス
哲学科			和文学	飯田武郷
哲学科			独乙語	オットセン
哲学科			独乙語	レーマン
政法理財学科	行政学	国法学	統計学	ラートゲン
政法理財学科	理財学	理財学		フェノロサ
政法理財学科	法理学			穂積陳重
政法理財学科	古今法制	古今法制	和文学	飯田武郷
政法理財学科	漢文			中村正直
政法理財学科		国際公法		栗塚省吾
政法理財学科		漢文学		三島毅
政法理財学科		和文学		大澤清臣
政法理財学科		和文学	和文学	木村正辭
政法理財学科		独乙語	独乙語	レーマン
政法理財学科		独乙語	独乙語	オットセン
政法理財学科			理財学	田尻稲次郎
政法理財学科			史学	外山正一
政法理財学科			漢文学	信夫粲
政法理財学科			英文学	コックス

第一年	教員
論理学	フェノロサ
論理学	千頭徳馬
漢文学	信夫粲
英文学	神田乃武
英文学	コックス
法学通論	穂積陳重
和文学	田中稲城
史学	井上哲次郎
独乙語	レーマン
独乙語	オットセン
論理学	フェノロサ
漢文学	信夫粲
論理学	千頭徳馬
英文学	神田乃武
法学通論	穂積陳重

文学

和漢文学科

	第三期	第二期	第一期
フェノロサ		哲学	哲学
井上哲次郎		東洋哲学	東洋哲学
三島毅		漢文学	漢文学
島田重禮		支那哲学	
信夫粲		漢文学	漢文学
大澤清臣		和文学	和文学
飯田武郷		和文学	和文学
木村正辭		和文学	
原担山		印度哲学	
吉谷覺壽		印度哲学	
外山正一			心理学、史学

英文学	コックス
漢文学	三島毅
和文学	田中稲城
和文学	木村正辭
和文学	飯田武郷
史学	井上哲次郎

古典講習科甲部

	第三期	第二期	第一期
岡松甕谷		漢文支那法制	
本居豊頴		正史学章	
木村正辭		辞章	
小中村清矩		法制	
飯田武郷		正史	
佐々木弘綱		辞章	
久米幹文		雑史	
松岡明義		故寛	
小杉榲邨		辞章	
井上哲次郎		論理学	

同乙部

	第四期	第三期	第二期	第一期
中村正直				経学
島田重禮				経学、史学
三嶋毅				経学
大澤清臣				史学
小杉榲邨				史学

表（III―⑥） 東京大学法理文学部学生一覧表（自 明治十四年九月 至 仝 十五年八月）

学科		第四年	第三年	第二年	第一年	研究科	総計	入学	卒業	退学	病死	八月末現員
法学部		八	一三	六	一五		四一	七	八	一		三三
理学部	数学	一					一					一
	物理学	三	三	一			七		三			四
	科学	四	八	八		一	二一	一	四			一七
	生物学	一		二			三		一			二
	星学	一					一					一
	工学	四	六	一		一	一二	一	四			八
	地質学	四	三	二			九		三		二	四
	採鉄冶金学	七	三	二			一二		五	一		六
	諸学科				四一		四一	二〇		一四		二七
文学部	哲学	二	一	二	七		四一	六	五	四	一	三一
	政治理財学	四	一二	一二		一						
	和漢文学			一	二		三	一		一		二
小計		三九	四九	三七	六五	三	一九二	三六	三三	二一	三	一三五

注 『東京大学第二年報』一四三頁による。

表（Ⅲ－⑦）　法理医文学部学生々徒現員表（明治十五年十二月末）

学部	学科＼等級	研究科	第四年	第三年	第二年	第一年				小計	総計
法学部	法学		九	九	一四	一〇				四八	
	撰科							六			
理学部	数学			一	二					八二	
	物理学		二	一	三						
	科学	一	八	六	四						
	生物学			一	三						
	星学		一								
	工学	一	六	一	八						
	地質学		二	二	一						
	採鉄冶金学		四	二	二						
	諸学科					一六					
	撰科							四			
文学部	哲学		一		一	四				四一	
	政治理財学		九	一四	五						
	和漢文学			一	一	一					
	撰科							四			
	学科＼等級	八期	七期	六期	五期	四期	三期	二期	一期	小計	
	古典講習科								三五	三六	
	撰科								一		
医学部	学科＼等級	一等	二等	三等	四等	五等				小計	
	医学本科	一六	二三	二八	三二	三九				一三八	
	学科＼等級	八期	七期	六期	五期	四期	三期	二期	一期	小計	
	別科医学	四八	八三	八七	九一	九九	一二四	七三	七九	六八四	
	製薬学				一二		二七		三一	七〇	
総計											一、〇九九

表（Ⅲ－⑧）　文学部学生現員表（明治十五年十二月末）

学科	第一年	第二年	第三年	第四年	研究科
哲学	四	一		一	
政治理財学		五	一四	九	
和漢文学	一	一	一		
計	五	七	一五	一〇	〇

「
（文学部）
哲学史学及英文学教授外山正一申報

本学年中余ノ教導シタル課程ハ左ノ如シ

（第一）理学部、第二年生ニ毎週三時間、哲学科第二年生ニ毎週一時間英語ヲ講授シタリ其目的及課業書講授ノ法等ノ如キハ前年ト異同アルナシ即チ学生ヲシテ英書ノ文意ヲ解スルコトニ達者ナラシメントスルヲ以テ専一トナシ理学部学生ノ課業書ニハシェキスピーヤ氏著シーガルエマーソン氏著カルチユーア及ヒピヘービアー等ノ如キモノヲ用ヒタリ哲学科学生ノ課業書ニハシェキスピーヤ氏著ハムレットエマーソン氏著シピリゼーション、アート、エロクエンス、ブックス等ノ如キモノ及マコーレー氏著フレデリッキゼグレイト等ヲ用ヒタリ此哲学科学生モ学年ノ初ハ毎週三時ヲ以テ授業ノ時間トナシタレトモ該級生ノ如キハ夥多ノ論文ヲ草セサルヲ得サル者ニシテ頗ル勉強ヲ要シ且学科ノ性質タル理学部学生ノ学科ノ如キモノトハ違ヒ到底読書ヲ専ニスル者ナルカ故ニ授業ノ時間ヲ減少スルモ左マテ害ナキ者ト認メテ之ヲ毎週一時間ニナシタリ而シテ本年ノ終マテニ該学生ノ進歩シタル有様ニ就テ徴スルニ余ノ考ト果シテ違フコトアラサリキ理学部学生ノ進歩ノ如キモ概シテ云ヘハ余ヲシテ満足セシメタルナリ課業ノ法ハ前年ト同様ニテ学生ヲシテ交番ニ一片紙乃至二片紙ヲ音読セシメ至難ナル文章ト認ムルモノハ先ツ学生ヲシテ英語ヲ以テ説明セシメ学生ニ於テ遂ニ能ク説明スル能ハサル文章ハ余英語ヲ以テ之ヲ説明シタリ而シテ英語ノ説明ニテハ学生何分解シ兼ル文章ト認ムルモノハ不得止本邦語ヲ以テ説明シタリ其他ハ一切本邦語ヲ以テ説明スルコトハ許サヽリキ

（第二）毎週三時間哲学科二年生及和漢学科二年生ニ心理学ヲ講授シタリ課業書及授業ノ法ノ如キハ前年ト大差異アルコトナシ即チベイン氏カーペンター氏スペンセル氏等ノ著書ヲ用ヒ授業ニハ課業書ト口授ト研究ノ三法ヲ用ヒタリ研究ノ法ニ於テハ学生ヲシテ各心理学上ノ問題ヲ撰ミ引用書ニ就テ充分穿鑿ヲ逐ケ之ヲ論文ニ綴リ教場ニ於テ他生ノ前ニテ音読セシメタリ而シテ本学年中ニ心理学ノ大略ヲ授クルコトヲ得タリ殊ニ哲学科生ハ学力優等ニシテ進歩モ亦著カリキ

（第二）文学部第二年生ニ毎週三時間史論ヲ講授シタリ但シ歴史ヲ研究セントスル者ハ社会学ノ原理ヲ知ラスンハアルヘカラサルカ故ニ余ハ学生ヲシテ先ツ社会学ノ原理ヲ学ハシメ社会ノ進化スル順序ヲ知ラシメタリ而シテ本学年ノ学生中ニハ政治学ヲ専門トスル者多クシテ斯ノ如キ者ノ為ニハ憲法史ヲ学フコト有益ナルカ故ニ余ハ其レヲシテ英国憲法史ヲ研究セシメタリ就中金井ノ論文ノ如キハ余ヲシテ最モ満足セシメタルモノナリ

（第四）余ハ哲学四年生ニ毎週三時間心理学ノ高尚ナル部分ヲ講授シタリ即チ一方ニ於テハ心理学ノ高尚ナル原理ヲ授ケ又一方ニ於テハ人類ノ心力ト下等動物ノ心力トノ比較、心力ノ発達、動物及ヒ人類表情上ノ言語等ヲ研究セシメタリ本年学生ノ如キハ言訥ナルモ頗ル思想ニ富ミ其進歩ノ如キハ余ヲシテ甚タ満足セシメタリ(5)」

一八八三（明治十六）年十二月末現在の文学部哲学科の学生は、第二学年、二名、第三学年、一名、合計三名である。外山正一は、哲学、心理学、史学、英文学を教えている。彼は、それを四つに分けて報告している。第一は、英文学についてである。彼は、理学部第二年生に、毎週三時間、哲学科第二年生に、毎週一時間、英文学を教えている。彼は、理学部学生の三分の一しか、哲学科学生に英文学を教えない理由を、つぎのように報告している。

「此哲学科学生モ学年ノ初ハ毎週三時ヲ以テ授業ノ時間トナシタレトモ該級生ノ如キハ夥多ノ論文ヲ草セサルヲ得サル者ニシテ頗ル勉強ヲ要シ且学科ノ性質タル理学部学生ノ学科ノ如キモノトハ違ヒ到底読書ヲ専ニスル者ナルカ故ニ授業ノ時間ヲ減少スルモ左マテ害ナキ者ト認メテ之ヲ毎週一時間ニナシタリ而シテ本年

ノ終マテニ該学生ノ進歩シタル有様ニ就テ徴スルニ余ノ考ト果シテ違フコトアラサリキ」(6)

文学部学生の英文学の授業時間を減少した理由として、文学部哲学科学生は、「夥多ノ論文ヲ草セサルヲ得サル者ニシテ頗ル勉強ヲ要シ」たからであるとする。すなわち、文学部学生は、在学中から論文を書かされていたのである。事実、後述するように、日高真實も、学生時代から論文を書いていた。

また、ここで注目すべきことは、シェークスピア、エマーソン、マコーレー著の原書を用いて英語で授業をし、学生には、英語で説明させることを原則としていることである。

第二は、心理学についてである。心理学は、文学部の哲学科及び和漢文学科二年生に、毎週三時間の教授をしたけれども、教科書として、ペイン、カーペンター、スペンサー、三氏の著書を使用したという。授業の方法として、「課業書ト口授ト研究ノ三法」を用いたと言う。研究の方法としては、心理学上の問題を選ばせ、研究させ、論文を書かせ、口頭発表させる方法をとった。哲学科の学生は、学力優秀で、進歩も著しいという。

第三は、史論についてである。外山は、文学部第二年生に、毎週三時間、史論を講義しているが、「歴史ヲ研究セントスル者ハ社会学ノ原理ヲ知ラスンハアルヘカラサル」という考えの下に、社会学の原理を講授したという。そして、受講生には、政治学を専門とする者が多いので、彼らの為に「憲法史」を学ぶことが、有益と考え、英国憲法史を研究させたという。

第四は、哲学科第四年生の心理学についてである。毎週三時間、心理学の高尚なる部分を講授したり、他方においては、人類の心力と、下等動物の心力との比較、心力の発達、動物及び人類表情上の言語等を研究させたという。

つぎに、フェノロサの申報を検討してみよう。フェノロサ哲学科の学生には、第一年次、論理学、第二年次、哲学、第四年次、哲学を教えている。その部分だけを検討してみよう。

「　哲学理財学教師フェノロサ申報

本学年中第一年級ノ論理学ハ第二学期ノ半ヨリ始メ総合倫理ニ就テ自撰ノ講義ヲ授ケエヴェレツト氏著論理学ヲ用ヒテ参考書トナセリ

第二年級ノ哲学ハ前年ニ於ケル如ク第一学期ニ於テ授クル世態学総論ノ講義ヲ包含スルモノナリ然ルニ本学年ニ至リ従前ノ授業時間二時ヲ改メテ三時トセシヲ以テ世態学ニ次テ教導スル所ノ近世哲学史ノ講義ヲ従前ニ比スレハ大ニ増加シ得タルニ由リ該講義ヲ完了シ更ニ韓図ノ哲学ヲ周密ニ考究セシムルニ至レリ蓋シ此課目ハ従前第三年級ニ履修セシメシモノナリ

第三年級ノ哲学教導ノ順序方法ハ到底一変セサル可ラサルモノナルヲ以テ余ハ一時ニ之ヲ改定スルヲ最良ノ手段ト思考シ及チ棚橋ヲシテ専ラヘーゲルノ哲学（従前ハ第四年ノ課目）ヲ修メシメ同時ニ韓図ノ哲学ヲ独学シメタリ是ニ於テヤ余ノ曽テ規画シタリシ如ク棚橋ノ第四年級ニ於テ修ムヘキモノハ全ク実践哲学ノミトナレリ

第四年級ニ在テハ其第三年ニ於テ既ニ韓図及ヒヒユームノ哲学ヲ修メ了リ右変更セル方法ヲ施ス可キニアラサレハ已ムヲ得ス二学期間第三年級ト倶ニヘーゲルヲ修メシメタリ

第三年級ノ理財学ハ其初歩ヲ第二年級ニ完了スルノ後チ始メテ専ラ之ヲ講授スルコトナレドモ学生一般ニミル氏理財学中既ニ幾分カ暁知レ得タル所アルヲ以テ余ハ先ツ此等ノ復習ニ従事セシメタリ是レ向後余カ講義ニ関シテ甚タ切要ナレハナリ之ニ次テケアルンス氏理財論法ヲ講シ再ヒ次テケアルンス氏理財原論ヲ講授セリ而シテ終末ニ至イリテハ各国通商論ニ就キ自選ノ講義ヲ講授セリ参考書ニハトムソン氏著努力論ヲ用ヘリ

第四年級理財学ハ前年ト同一ノ課目シ履修セシム蓋シ該学生ハ其第三年級ニ於テ既ニ余ニ就テ理財学ノ研究ヲ始メタルヲ以テ本年ニ至テ之ヲ継続セシメタルナリ(7)」

第一年次の論理学は、第二学期の半より始め、総合論理について講義し、エヴェレット氏著の『論理学』を参考書とした。

第二年次の哲学では、つぎのような内容が教えられた。

「第二年級ノ哲学ハ前年ニ於ケル如ク第一学期ニ於テ授クル世態学総論ノ講義ヲ包含スルモノナリ然ルニ本学年ニ至リ従前ノ授業時間二時ヲ改メテ三時トセシヲ以テ世態学ニ次テ教導スル所ノ近世哲学史ノ講義ヲ完了シ更ニ韓図（カント）ノ哲学ヲ周密ニ考究セシムルニ至レリ(7)」

第四年級の哲学においては、実践哲学のみになったという。

フェノロサは、論理学及び哲学の外、理財学をも教えていたが、それは、哲学科以外の学生を対象としていたので、ここでは、それを省きたい。

外山正一、フェノロサは、その翌年も、同じ科目を、同じ時間、同じ方法で教えていたのであるが、翌年の外山正一申報の中に、日高真實の名前が見える。それによると、英文学の授業で、「哲学科生日高、板倉、長沢、和漢文学科生戸田、撰科生太田等ノ諸氏ハ学力孰レモ優等ニシテ且進歩モ著シク小官ヲシテ甚タ満足セシメタリ(8)」と。

日高真實は、帝国大学令公布後最初の卒業生として、一八八六（明治十九）年七月十日、卒業証書が授与された。その卒業式は、つぎの様子であったという。

「七月十日工科大学中堂ニ於テ前学年卒ノ医科大学々生三人本学年卒業ノ法、工、文、理、科大学々生四十六人ニ卒業証書ヲ授与スルノ典ヲ行フ公爵三條内大臣伯爵伊藤内閣総理大臣伯爵山田司法大臣英国公使文部次官以下文部省各局長書記官各学校長本学総長書記官及内外教員其他内外貴紳卒業学生親戚等ノ其儀ニ臨ムモノム無慮三百余人ニシテ本学総長ノ演説及卒業学生総代ノ答辞伊藤内閣総理大臣英国公使ゼ、ヲノレーブル、ソル、ブランケット氏、独逸人プロフェツソル、ドクトル、ロエスレル氏ノ演説アリ此夜同所ニ於テ本学総長其夫人来賓及其夫人ヲ延接ス来会スル者二百八十余人ナリ其卒業証書ヲ授与セラレタルモノハ法科大学ニ於テハ……、医科大学ニ於テハ……工科大学ニ於テハ……文科大学ニ於テハ哲学科学生日高真實長沢市蔵和文学戸田恒太郎理科大学ニ於テハ(9)」

帝国大学になって最初の卒業式の様子の報告であるが、注目すべきことは、つぎの点である。

一つは、卒業生の数が、医、法、工、文、理を合わせて、四六人と、少ないことである。「文科大学ハ哲学ヲ以テ主要ノ学科トス(10)」といわれた哲学科においてさえ二名の卒業生しかいない。

二つは、それに対し、来賓が多いことである。しかも、伊藤博文総理大臣を始め、国の中枢を担う人物が出席していることである。

三つは、伊藤博文内閣総理大臣の演説で、「我カ国将来ノ進歩ヲ図ルノ事業ニ於テ卒業諸君ハ最主要ノ地歩ヲ占ム諸君ノ負フ所且大ナリ(11)」と述べているように、将来の国家を担う人材として期待されたのであった。

帝国大学を卒業した日高真實は、「七月十三日……文科大学卒業生日高真實長沢市蔵戸田恒太郎……給費入学ヲ許シタリ(12)」とあるように、大学院に進学した。そして、真實は、文科哲学中教育哲学を攻究したのである。その後、彼は、翌年の明治二〇年九月十六日、「文科大学ニ於テ英語学授業ヲ嘱托セラレ」[13]とあるように、帝国大学で英語学教導の嘱託を命ぜられている。留学する年の明治二一年七月五日、「文科大学語学授業嘱託文学士日高真實ノ嘱託ヲ解」[14]かれることとなった。それは、二日前の七月三日、「文学士日高真實教育学修行トシテ独逸国へ留学ヲ命セラル」[15]こととなったからである。

注
(1) 東京大学史史料研究会編『東京大学年報』第二巻　東京大学出版会　一九九三年六月十日　二二九頁。
(2) 同前書　二三四頁。
(3) 同前書　一四二頁。
(4) 同前書　一四一頁。
(5) 同前書　二八五〜二八六頁。
(6) 同前書　二八五頁。
(7) 同前書　二八六頁。
(8) 同前書　四〇三頁。
(9) 前掲書『東京大学年報』第三巻　一九九三年八月十日　二十七〜二十八頁。
(10) 同前書　四二頁。
(11) 同前書　三一頁。
(12) 同前書　四三頁。
(13) 筑波大学蔵「日高真實履歴書」
(14) 前掲書『東京大学年報』第六巻　一九九四年三月二十五日　四四頁。
(15) 同前書　四三頁。

第四章　ドイツ留学時代

第一節　留学時代のドイツの社会と教育

日高真實は、一八八八（明治二十一）年七月から一八九二（明治二十五）年二月まで、ドイツに留学した。この時期は、ドイツ帝国時代である。ドイツ統一は、一八四八年の革命以来、ドイツ市民階級の念願であったけれども、それは、プロイセン王権によって進められた。具体的に言うと、プロイセンの政治的指導者である首相ビスマルクが、主導権をもって進めて行っていたのである。強力な軍隊により、一八六六年の普墺戦争で、ドイツ統一の競争相手であるオーストリアを破り、同国を排除して北ドイツ連邦を成立させる。さらに、一八七〇〜一八七一年の普仏戦争の勝利によって、南ドイツの四カ国を加えて、ドイツ帝国が成立した。ドイツ帝国は、二五の邦（二二の君主国、三の自由都市）および帝国直轄領としてのエルザス・ロートリンゲンからなる連邦であった。その連邦の中で、プロイセンは、面積と人口ともに、ドイツ帝国の三分の二を占めていた。したがって、プロイセンは、ドイツ帝国の中で、圧倒的な優位にあった。プロイセン王は、ドイツ皇帝を兼ね、プロイセン首相は、帝国宰相を兼ねていた。宰相の地位にあったビスマルクは、一八九〇年までの二〇年間、国内政治において、独裁的力を発揮した。しかし、一八八九年、ルール地方で生じた大炭坑ストライキの対応をめぐって、ビスマルクは、皇帝ウィルヘルム二世と対立し、一八九〇年、辞職した。(1)

ビスマルクは、外交上の手腕を発揮するとともに、工業の発展にも寄与した。特に、化学、電気工業への寄与は著しく、それらの発展に貢献した。それらの発展は、目覚しいものであった。それとともに、急速に、都市化が進行した。

ドイツの統一が進み、工業が発展するとともに、教育は、普及して行った。日高真實の留学した頃の日・独の教育の比較は、表(Ⅳ—①)の通りである。

表(Ⅳ—①)日・独の教育比較(一八九〇年度)

	日本	独乙帝国
面積	三八、三四四七□きろめとる	五四、〇五一四□きろめとる
人口	三九〇六、九六九一人 二十年	四六八五、五七〇四人 一八八五年
小学校数	二、五五三〇校	(い)五、七〇〇〇 (校カ)一八八六年
学齢児童百に対する就学児	四五人	(ろ)九六人
中学校高等尋常	五五校	大凡八八〇校
大学	一校	二一校
(は)大学々生	五六五人	二、八九二三人

(い)は大数をあくるものなり。実際の数は、これより多くとも、少なきことはなし。
(ろ)独乙全帝国の平均は、今一寸知れざる故、ぷろいせんわう国の分をあぐ。
(は)日本の大学々生数は、工科の学生数を含めり。どいつのには含まず。其代り、神学の学生を含めり。

注 日高真實著『日本教育論 巻之下』明治二十四年四月十七日 五七〜五八頁による。

表（Ⅳ―①）によると、日本は、小学校、中学校、大学校等の数にしても、そこで学んでいる児童、生徒、学生数にしても、ドイツに遠く及ばないという。さらに、日高真實は、「学問は利器なり。独乙が此千八百年代の中頃より、大に勢力を得るにいたりしは、この利器の助によれること多きは明なり。[2]」と語り、また、「日本国に利器を作らんと欲せば、教育を盛にし、知識をひろめ、徳情を篤くし、体力を鍛錬すること、実に急務なり。こどもを教導するの外、理学的の知識を教授し、これを応用するの術をさづけ、教育と実業とをして、手をとりてすゝましむること、必要なり。つゐるれる教授いふ、『国民の教育がなければ、邦の富はあるべからず。又此二つのものなくては、邦の力も、政治上の自由も、あることはできず』といへり。これと同じ意味のことは、この千八百年代のはじめより、学者やら、政治家やらの、大に唱ふるところなり。殊に、ふいてが、かの有名なる『どいつ邦民に告る講演』の、眼目とするところも、このへんに過ざるなり[3]」と、切言している。

以上のような教育についての考えを有していた日高真實は、ドイツのベルリン大学へ留学することとなった。ベルリン大学は、一八〇九年八月、フリードリヒ・ヴィルヘルム三世が、フンボルトの提案に応じ、創設され、翌年十月、開学された大学である。開学当時、教授陣総数五八名、学生数二五六名であった。学長には、ハレ大学の法学教授であったシュマルツ、神学部長シュライエルマヘル、法学部長ビェーナー、医学部長フーエラント、哲学部長フィヒテが就任した。教授も、当代随一と言われる人々が着任する。「素晴らしい陣容であった」という。[4]

ベルリン大学の創設は、ドイツのみならず世界の大学の進路に決定的な影響を及ぼすこととなった。それは、つぎの点にあるという。

一つは、伝統的なウニヴェルジテートの名称とその団体的原理および四学部制を保持しながら、諸学問を有機的に統一する総合大学＝ウニヴェルシタス・リテラルムとして成立させたことである。

二つは、これまで下級学部的地位にあった哲学部を、神学部、法学部、医学部と同格とし、大学が、「学術の蘊奥を研究し教授する所なり」と、確認されたことである。

三つは、「大学の自由」が、「学習の自由」を再確認し、それは、学生の転学の自由にまで及び、これまで領邦大学的色彩の濃かった大学を全ドイツ的大学として止揚したことである。すなわち、学生は、自分が学びたい大学に行き、指導を受けたい教授の下に行ける転学の自由を有するようになった。(5)

日高真實が留学した一八九〇年頃のベルリン大学は、益々、発展し、学問的にも、ドイツの大学ばかりでなく、世界の大学をリードする大学となっていた。

日高真實が、ベルリン大学を去った翌年の『ドイツ大学年鑑』によると、ベルリン大学は、他の二一のドイツの大学ばかりでなく、スイス、オーストリア諸国の大学の中でも、教員陣、学生数において、他の大学を圧倒していた。教員陣は、正教授、員外教授、客員教授、私講師等を含めて、三六〇名、学生数は、聴講生を含めて、六、九七九名である。ベルリン大学は、大学中の大学となった。

一八八八(明治二一)年七月三日に、ドイツ留学を命ぜられた日高真實は、その四日後の七日に東京を出発し、その翌日の八日に、横浜を出港する。その後、一路、ドイツへと向うのである。彼の手紙によると、神戸→上海→香港→サイゴン→シンガポール→コロンボ→アデン→スエズ→ポートサイド→アレキサンドリアを経て、八月二十日、フランスのマジソン港に到着する。そして、東京を発って、約五一日経った八月二十六日の午前七時四十分に、ベルリンに到着する。その経緯を書いた資料は、つぎの通りである。

○在独国会員文学士日高(真カ)實氏ヨリ会員某氏ヘノ来狀中ニ曰ク(前略)七月八日横浜出帆、神戸、上海、香港、柴棍、新賀坡、コロンボー、亜典、スエズ、ポートサイド、アレキサンドリア、ニ寄港去八月二十日

表（IV－②）ドイツ大学の統計（一八九二～九三）

大学	教員数（1892/93年 冬学期）						学生数（1892年 夏学期）							
	正教授	員外教授	客員教授 アカデミー会員	私講師 補習教師助手	語学講師 訓練教官	合計	神学 新教	神学 旧教	法学・財政学 林学	医学・外科学 薬学	哲学・文献学 数学等	小計	聴講生	合計
I. ドイツ帝国														
ベルリン大学	87	87	11	155	20	360	557	−	1150	1185	1464	4356	2623	6979
ベルリン農科大学	11	18	−	−	−	29	−	−	−	−	?	?	?	?
ボン	61	32	1	37	4	135	107	208	323	325	434	1397	35	1432
ポッペンスドルフ	9	12	−	−	−	21	−	−	−	−	(188)	(188)	−	(188)
ブラウンスベルク	8	−	−	1	−	9	−	?	−	−	?	?	?	?
ブレスラウ	61	29	3	40	9	142	143	211	274	292	331	1251	38	1289
エルランゲン	40	8	−	10	5	63	294	−	246	424	143	1107	10	1117
フライブルク i.B.	45	21	4	26	3	99	−	203	342	481	279	1305	62	1367
ギーセン	39	14	−	11	3	67	83	−	179	172	148	573	20	593
ゲッティンゲン	65	24	4	22	6	121	175	−	171	200	225	771	22	793
グライフスヴァルト	42	17	−	17	7	83	297	−	64	393	67	821	11	832
ハレ	51	30	2	40	10	133	602	−	181	283	402	1468	78	1546
ハイデルベルク	45	37	8	19	11	120	86	−	384	278	408	1156	136	1292
イエナ	38	29	8	14	3	85	116	−	120	212	197	645	60	705
キール	39	19	1	22	4	85	78	−	78	335	121	612	19	631
ケーニヒスベルク	44	25	−	24	9	102	141	−	162	255	134	692	9	701
ライプチヒ	64	50	12	65	4	195	468	−	988	834	814	3104	107	3211
マールブルク	44	16	1	25	6	92	152	−	206	266	307	904	53	957
ミュンヘン	65	26	4	60	6	161	−	137	1400	1443	558	3538	36	3574
ミュンスター	21	13	1	6	7	48	−	265	−	−	158	423	9	432
ロストック	31	8	−	4	2	45	44	−	58	138	156	396	−	396
シュトラスブルク	54	23	2	28	4	115	114	−	221	333	247	915	40	955
テュービンゲン	51	15	1	20	7	94	392	171	439	236	96	1334	17	1351
ヴュルツブルク	36	12	1	24	3	76	−	150	256	743	136	1285	118	1403
II. スイス														
バーゼル	40	24	−	23	4	91	105	−	45	146	138	434	69	503
ベルン大学	43	14	3	50	3	113	45	5	85	227	144	506	48	554
ベルン獣医大学	5	−	−	−	−	5	−	−	−	−	50	50	−	50
フライブルク i.S.	40	−	−	−	−	40	−	81	61	−	26	168	4	172
ジュネーブ	46	14	11	41	−	112	43	−	112	233	181	569	115	684
ローザンヌ	30	27	−	12	5	74	39	−	113	101	83	336	66	402
ヌーシャテル	28	4	7	9	−	48	16	−	13	8	18	55	47	102
チューリヒ	41	20	−	54	4	119	40	−	78	266	172	556	103	659
III. ロシア、バルト海沿岸	36	10	−	26	6	78	254	−	148	1017	263	1682	8	1690
IV. オーストリア・ハンガリー帝国														
ツェルノヴィッツ	23	7	−	5	2	37	−	58	176	−	12	246	55	301
グラーツ	45	23	−	34	2	104	−	122	424	477	55	1078	155	1233
インスブルック	41	19	4	18	1	83	−	?	?	?	?	?	?	?
プラハ・ドイツ大学	55	17	2	31	4	109	−	?	?	?	?	?	?	?
ヴィーン大学	90	45	3	166	13	317	−	?	?	?	?	?	?	?
ヴィーン、神学部（新教）	6	−	−	1	−	7	?	−	−	−	−	−	−	?
ヴィーン農科大学	13	5	−	16	2	36	−	−	−	−	?	?	?	?

注　Prof. Dr. F. Ascherson, Deutscher Universitäts-Kalender, Zwei und vierzigste, Winter-Semester 1892/93, S. 282～283

午前仏国馬耳塞港着一万零二百海里ノ航海四十四日ヲ費ヤシ申候同船ニハ日本人都合十一人ニテ中々賑カナル航海ニ有之候右航海中最荒レシハ上海香港間ト亜典湾ニ入候前二日間トメスシナ海峡ヲ過キ一日半許トコノ三回ニ有之候亜典湾ニ入リ候前ナドハ室中ニ有之候椅子室外ニ転ゲ出シ候位ニ、揺レ申候暑気ノ最甚カハリシハ香港ト紅海ニ入リテ二日間スエズ掘割ヲ通リシ時ト此三回ニ有之候印度洋ヲ航シ候節ハ日本ノ秋ノ初メ位ノ気候ニテ夜分ナドハ夏衣ニテ冷気ヲ覚申候右三回ノ最暑ノ節モ大抵華氏九十六七度故日本ニヲモ往々有之候暑サニ有之候二十日馬耳塞発瑞西国ニ参申候同国ゼネヴ、ベルン、バーゼル、ハ国中第二第四第三(respectively)ノ都会ニ有之候其内景色ト云ヒ繁昌ト云ヒ最備リシハ第二ゼネヴ、ニテ日本ノ山水兼備ハレル土地ニ手ヲ入レシモノト思ヘバ想像付可シベルンハ中央政府有之土地ナレモ寥々タルモノニ候第一ト申チューリヒ、ハ少々迂路ニ相成候ニ付参リ不申ソレヨリ独国ニ入リ、ハイデルベルヒ、「フランクフルト、アム、マイン、」ニ参リ申候フランクフルト、ハ独国中ニテ金満家ノ集リ居候所ノ由ニテ中々立派ニ有之候同所ノ停車場ノ宏大美麗ナルコトハ世界第一ト申候（去八月十八日開場セシナリ）ゲーテーノ生レシ家ハ古風ヲ存シテ保護致シ有之其銅像ハ、中々高尚優雅ニテ自ラ尊敬ノ念ヲ起シ申候二十五日午後七時四十五分同府発急行列車ニテ翌二十六日午前七時四十分当伯林府安着仕候伯林府ハ馬糞ノ埃紛々タル一都会四十分間ニハ歩シテ一端ヨリ他ノ一端ニ達スベク Friedrich str. ト申候町ハ東京ニテ丁度日本橋通ニ当リ候町ニ有之候其広サハ小川町通位物ハ高価ナリ食物ハ美ナラズ只金ヲ捨ル様ノ心チ致シ候唯アスバルトニテ固メアル町ニテ馬車ガ平カニ少シモゴトゴトセズ走リ候丈ハ宜シク候ヘモ五寸角位ノ石ヲ引ツメ候所凹凸極リ無ク馬車ハ非常ニゴトゴト致シ走クニハ歩キ悪シ甚之野蛮ニ有之候(6)（下略）

到着してのベルリンに対する感想は、ベルリンは、「馬糞の埃紛々タル一都会四十分間ニハ歩シテ一端ヨリ他ノ一端ニ達スベク」都市だという。

真實は、ベルリンに来て一カ月余経った十月の十二日午前十一時半に、ベルリン大学哲学科学生として登録したという。そして、二十五日よりパウルゼンの教育学の講義を、十一月一日より、デーリングの講義を受講する予定であり、翌年の七〜八月頃には、ライプチヒ大学への転学のつもりであるという。ライプチヒ大学は、ドイツの大学において、ハイデルベルク大学に次いで、二番目に設置された大学でザクセン州のライプチヒにある。当時、教授陣の数からみると、ベルリン大学に次いで、多い。学生数にしても、三番目に多い。一年後は、ライプチヒ大学に転学の予定であるという。

○会員日高眞實氏ノ手簡ノ中ヨリ左ノ数節ヲ訳載ス（原独逸文）

前略小生儀当伯林ニ罷在可ナリ壮健ニ御座候御放神有之度候当地到着後独逸語勉強仕居候所本月（十月）十二日午前十一時半ヲ以テ伯林大学科学生ニ入籍致シ今ハ書生ノ学士ニ相成申候当大学ニハ來年ノ七八月頃迄マカリ在其後ハライプチィヒ大学ニ転学ノ積ニ有之候該大学ニハマツシュース　ホフマン　シュツゥリュンペルリヒテル等ノ教授員外教授アリテ各得意専門ノ教育学科ニ就テ講義有之由ニ候○独逸語ヲ学ヒ従テ龜ノ甲文字ヲ習ヒ居候故ラテン字ヲ書クコトハ大分下手ニ相成申候尚勉メテ恢復ヲ謀リ度候○教授パウルゼン氏ノ教育学ノ講義ハ本月二十五ヒヨリ「ドクトル」デーリング氏ノ講義ハ十一月一日ヨリ始リ候右二氏ノ講義ニ出席ノ覚悟ニ御座候○我帝国大学五分科大学ノ中ニ於テ文科大学最モ教授ニ欠ケ居ルカト思ハレ候現ニ歴史科ニ坪井文学士心理学社会学ニ外山教授アルノミニテ倫理学ノ教授審美学ノ教授論理学ノ教授哲学史ノ教授及博言学ノ教授ハ欠ケ居今ハ外国人ヲ以テ暫ク之ニ充ツト雖苟モ帝国大学文科大学タル以上ハ可成速ニ邦人ノ教授ヲ以テ之ニ更ヘサル可ラサルコト被存候尤外国語ノ教師ハ例外ニ候云々(7)

さらに、この資料で注目すべきことは、日本の帝国大学文科大学でも、「可成速ニ邦人ノ教授ヲ以テ之ニ更ヘサル可ラサルコトト被存候」と、提言していることである。帰国後、早速、帝国大学文科大学教授に任命されているので、彼の意見が受け入れたのであろうか。

注（1）下中直也編『世界大百科事典』十九　平凡社　一九九八年四月二十八日　九七六～九七七頁。
（2）日高真實『日本教育論　巻之下』明治二十四年四月十七日　五六～五七頁。
（3）同前書　五八五九～頁。
（4）島田雄次郎『ヨーロッパの大学』至文堂　昭和三十九年九月二十五日　一五七頁。
（5）同前書　一五七～一五八頁。
（6）『学士会月報』第九号　明治二十一年十一月二十日　一〇～一二頁。
（7）同前書　第一〇号　明治二十一年十二月二十日　五～六頁。
フンボルト大学に、ベルリン大学時代の日高真實のことについて問合せたところ、つぎのような回答を得た。
「ベルリン大学の学籍名簿の中には、七八(学長)期の三五三五番に一八八八年十月十二日付で、ヒタカ・マサノ《(ママ)》という人物―宮崎生まれで、哲学部に学んだ―が記載されていました。書類の中にあるメモ、すなわち「一八九一年八月十日退学届け出」が、除籍（退学）の日付として見出されます。卒業証書は請求されておらず、発行されませんでした。そのため、ヒタカが聴講した講義についての書類上の証明資料は全く存在しません。」原文は、以下の通りである。

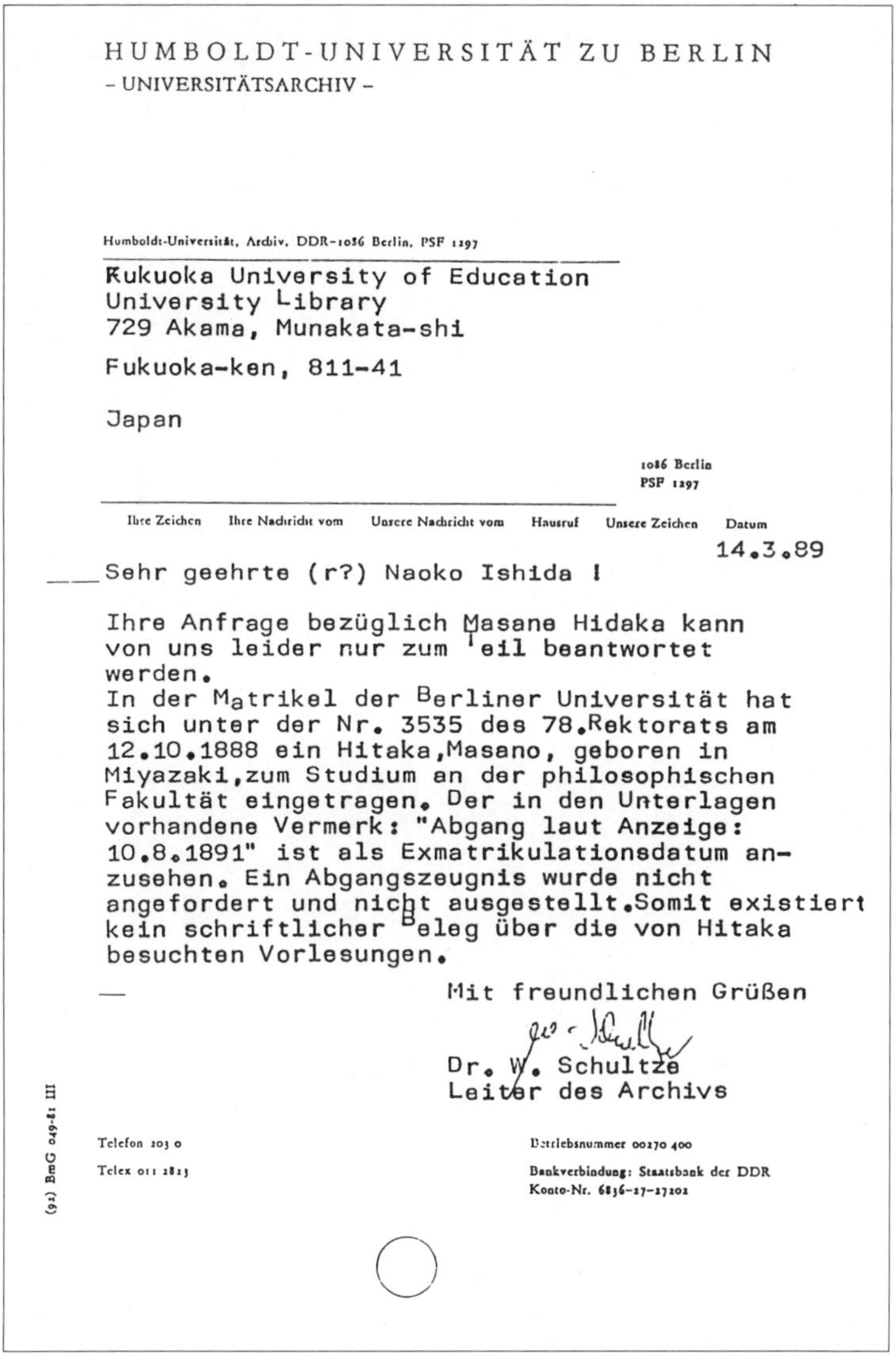

HUMBOLDT-UNIVERSITÄT ZU BERLIN
– UNIVERSITÄTSARCHIV –

Humboldt-Universität, Archiv, DDR-1056 Berlin, PSF 1297

Fukuoka University of Education
University Library
729 Akama, Munakata-shi

Fukuoka-ken, 811-41

Japan

1086 Berlin
PSF 1297

Ihre Zeichen | Ihre Nachricht vom | Unsere Nachricht vom | Hausruf | Unsere Zeichen | Datum
14.3.89

Sehr geehrte (r?) Naoko Ishida !

Ihre Anfrage bezüglich Masane Hidaka kann von uns leider nur zum Teil beantwortet werden.
In der Matrikel der Berliner Universität hat sich unter der Nr. 3535 des 78.Rektorats am 12.10.1888 ein Hitaka,Masano, geboren in Miyazaki,zum Studium an der philosophischen Fakultät eingetragen. Der in den Unterlagen vorhandene Vermerk: "Abgang laut Anzeige: 10.8.1891" ist als Exmatrikulationsdatum anzusehen. Ein Abgangszeugnis wurde nicht angefordert und nicht ausgestellt.Somit existiert kein schriftlicher Beleg über die von Hitaka besuchten Vorlesungen.

Mit freundlichen Grüßen

Dr. W. Schultze
Leiter des Archivs

(92) BmG 049-81 III

Telefon 203 0
Telex 011 2823

Betriebsnummer 00270 400
Bankverbindung: Staatsbank der DDR
Konto-Nr. 6836-27-27202

この資料で注目すべきことは、日高真實は帰国直前まで、ベルリン大学に在籍したことである。ライプチヒ大学には、転学しなかったのであろう。

第二節　ベルリン大学留学時代の真實

先述したように、ベルリン大学は、日高真實が留学していた一八九〇年頃、ドイツの大学ばかりでなく、ヨーロッパの大学、いや、世界の大学の中で、有数の大学となっていた。教授陣の数、学生数、留学生数等々の多さばかりでなく、学問の質においても、世界の大学をリードしていた。

前掲のフンボルト大学へ問合せの回答によると、日高真實が、どの教授の、どの講義を受けたか、記録にないという。しかし、日高真實からの来状によると、パウルゼン（Friedrich Paulsen　一八四六・七・十六〜一九〇八・八・十四）とデーリング（August Döring　一八三四〜一九一二）の講義を聴講するという。

日高真實は、パウルゼンの影響を特に受けたと言われているので、パウルゼンという人物を検討してみよう。彼は、一八四六年七月十六日、ホルシュタインのランゲホルンに生まれる。アルトナのギムナジウムを経て、エルランゲン大学に入り、はじめ神学を専攻したが、のちに哲学に転じた。そして、ベルリン大学、ボン大学、キール大学等で学び、一八七〇年、二十四歳で学位を得た。その後、五年間、ベルリン大学で種々の科学を研究し、一八七五年、ベルリン大学の講師となり、三年後の七八年、員外教授（助教授）となる。ベルリン大学哲学部の正教授となることに固守した(1)パウルゼンは、なかなかなれなかった。途中、ブレスラウ大学の正教授、ミュンヒェン大学の正教授、一八九三年には、ライプチヒ大学の正教授の話があったが、それも断わり、一八九四年四月、やっと、ベルリン大学哲学部の正教授の座に坐ることが出来た。(2)それは、四十八歳の時で、日高真實が帰国した後であった。パウルゼンは、教授会との間がうまく行かず、彼の楽しみは、「学生の前での講義であり、学生とともにやるゼミナールであり、研究であり、著述活動であった。[3]」という。

彼は、教育に関する多くの著書を残しているが、彼の教育についての考え方をみてみよう。[4]

一つは、教育学の対象は、「児童の教育」であり、教育学は、その技術の学問で、理論的なものでなく、実際的学問であるとする。

二つは、教育学は、倫理学、心理学とともに、哲学的科学とし、その講座は、心理学、論理学、哲学史、実用哲学（教育学を組成）の三つの講座とすることである。

三つは、個人の問題から言うと、教育の任務は、「個人を単なる動物性より人性に高める事で、人間は人間の間でのみ人間となるのである。」ことである。

四つは、一方、個人は、社会全体の有用なる一員として教育されるのであって、教育学は、社会的教育学でもある。

五つは、教育学を孤立的なものと考えず、他の文化関係の学と密接不可分のものとし、倫理学、人類学、生理学、心理学、社会学、政治学等を基盤の上に、教育学を樹立しようとしたことである。すなわち、文化教育学の先駆となったことである。

六つは、教育は、先の世代が、つぎの世代へ文化財を伝達して、民族の類型として歴史的特性を維持する課題をもつものとして考えていることである。

七つは、彼は、理論的に教育学の樹立を図るとともに、プロイセンの中等教育改革運動において、古典を重視する従来のギムナジウムの卒業生ばかりでなく、実科ギムナジウム卒業生も、高等教育機関への進路の途をひらくべきだと主張し、一九〇〇年には、その実現をみた。[5]

以上のように、パウルゼンは、教育に関して、種々の主張をし、活動してきたのであるが、パウルゼンの影響が、日高真實の著書・論文、そして、活動の中に見られる。このことは、後述する通りである。

パウルゼンについで、日高真實が、ベルリン大学で講義を受けたのは、アウブスト・デーリング（A. Dözring 一八三四～一九一二）の講義である。入沢宗壽著の『近代教育思想史』（弘道館　大正3年6月23日）によると、著書に、『哲学的幸福論』（一八八八年）、『教育学系統』（一八九四年）、『希臘哲学史』（一九〇三年）等がある。

彼によると、デーリングは、教育について、つぎのように考えているという。

「教育は未成熟者の幸福を目的として種々の作用に役立しめるやうな成熟者の感化影響である。教育の目的は個人的快楽の動機からいへば生徒の真の幸福に向けらるべきもので社会的快楽の動機よりすれば、社会の一員として役立つやうにすることである。併し茲に両者の目的を統合して一の統一せる目的原理を立て、手段は二の目的に相応して定めねばならぬ。[6]」

そして、デーリングは、「科学的に教育学を立てやうとしたるものであった。[6]」という。

真實は、前述したように、一年間、ベルリン大学にいた後、ライプチヒ大学に転学し、その大学で、マッシュース、ホフマン、シュウツウリュシペル、リヒテル等の講義を受ける積りであるというが、彼等の講義を受けたか、定かでない。

注（1）入澤宗壽著『近代教育思想史』弘道館　大正三年六月二十三日　五七六頁。
（2）潮木守一著『ドイツの大学』講談社学術文庫　一九九六年五月二十日（第5刷）二七六～二七七頁。
（3）同前書　二七九頁。
（4）主著 Geschichte des gelehrten Unterrichts auf den deutschen Schulen und Universitäten vom Ausgang des Mittelalters bis zur Gegenwart, 2 Bde., 1885-1896.　System der Ethik, 1889（蟹江・深作・藤井訳：倫理学大系、

1904) Einleitung in die Philosophie, 1892. Das deutsche Bildungswesen in seiner geschichtlichen Entwicklung, 1906. Pädagogik, hrsg. v. W. Kabitz, 1911. Gesammelte pädagogische Abhandlungen, hrsg. v.E. Spranger, 1912.
（注、下中弥三郎編『教育学事典』（第五巻）平凡社　昭和三十一年五月三十日　三四による。）
（5）前掲書『近代教育思想史』（五七九～五八〇頁）、『教育学事典』（第五巻　三四頁）、さらに、『教育学辞典　第三巻』（岩波書店　昭和十三年五月二十五日　一八八一～一八八二頁）を参考にした。
（6）同前書　五四九～五五一頁。

第三節　ベルリンからの便り

真實は、筆まめであったのであろう。『学士会月報』の中に、彼のベルリンからの便りが掲載されている。それは、他の会員より多い。そして、その内容の多くは、ドイツに留学して来た日本人の動向についてである。真實は、ドイツ留学生達が集まるところに、下宿していた。

ベルリンへ、一八八九（明治二十二）年十二月末に来た嘉納治五郎は、「早速フリードリヒ駅からほど遠からぬチーゲル街に一室を借りて、そこに居を定め、翌年の七月まで滞在した」(1)という。その彼も、しばしば、下宿を訪れたと、語っている。

「自分の住んでいるところからほど遠からぬところに、アルチレリー街というまちがある。ここには有名なる日本婆さんと称せられておったフオンラゲルストローム夫人が各国人と共に日本人をば親切に取扱って

表（Ⅳ－③）「学士会月報」掲載の日高真實の便り

番	内容	学士会月報
①	○「在独国会員文学士日高真實氏ヨリ会員某氏ヘノ来状中ニ曰ク」（横浜よりベルリンまでの行程）	「学士会月報」第九号　明治二十一年二十一月二十日　一〇～一二頁。
②	○「独逸文への手紙」（日高真實より沢柳政太郎への手紙について）	同前誌　一三～一四頁。
③	○「会員日高真實氏ノ手簡ノ中ヨリ左ノ数節ヲ訳載ス（原独逸文）」（日高真實の講義受講の計画）	同前誌　第一〇号　明治二十一年十二月二十日　五～六頁。
④	○「在伯林日高文学士ノ書簡」（井上哲次郎の日本女子の風俗習慣についての演説、ドイツ大学生の状況、私生児について）	同前誌　第十四号　明治二十二年四月二十日　三四～三五頁。
⑤	○「日高真實君ノ申出」（在外員への学士会月報送付の件）	同前誌　第一七号　明治二十二年七月二十日　四一～四四頁。
⑥	○「日高真實君ノ独逸通信」（ドイツ留学生達の近況報告）	同前誌　第一九号　明治二十二年九月二十日　二五～三二頁。
⑦	○「在伯林会員日高真實氏の来簡」（佐々木忠次郎、松本源太郎、田中館愛橘、村田謙太郎、梅謙次郎等々の友人の近況報告）	同前誌　第二十号　明治二十二年一〇月二十日　二八～三五頁。（明治二十二年七月二十五日附）
⑧	○「拝呈いたし候（日高真實）」（友人達の転学と真實のライプチヒ、プラグ大学への転学のこと。）	同前誌　第二十二号　明治二十二年十二月二十日　二〇～二七頁。（明治二十二年八月二九日夜半したたむ）
⑨	○「拝呈……（日高真實）」（友人達の近況）	同前誌　第二三号　明治二十三年1月二十日　二三～三一頁。（明治二十二年九月三十日したため了る）
⑩	○新年のあいさつ　明治二十三年一月　ひだか　まさね	同前誌　第二四号　明治二十三年二月二十日　四〇頁。
⑪	○「日高真實氏ノ新年状」（外山正一あて）明治二十三年一月一日	同前誌　第二五号　明治二十三年三月二十日　二四頁。
⑫	○「在独日高真實氏の来状」（嘉納治五郎のこと、学術講演会のこと、等）	同前誌　第二七号　明治二十三年五月二十日　二七～二九頁。（明治二十三年三月十三日づけ）

⑬	〇「日高真實氏の来簡」（一木喜徳郎のこと、ベルリンでの学士会のこと、結婚のこと、等）	同上誌　第三〇号 明治二十三年八月二十日　三一～三九頁。
⑭	〇「在伯林日高文学士よりの来状」（三人の日高（学士）、嘉納治五郎等のこと）	同上誌　第三一号 明治二十三年九月二十日　二六～三三頁。 （明治二十三年七月三十一日否八月一日午前一時べるりんにて、ひだかまさね）
⑮	〇「新年のあいさつ」	同前誌　第三五号 明治二十四年一月二十日　三九頁。
⑯	〇「在伯林日高文学士の来状」（田中舘愛橘、一木喜徳郎等のこと）	同前誌　第三九号 明治二十四年五月二十日　二六～二九頁。

くれたのである。はやく故人となった物理学者の北尾次郎氏、同じく物理学者としてまた音楽に造詣深き田中正平氏のごとき人々は、この日本婆さんにことに世話になったのである。当時そこには日本人が多く居たので、つい日本人の集会所のような観を呈しておった。田中正平氏はもちろん、日高真實氏のごときも、ここに宿をとっていて、他の日本人らがしばしばここに会合した。日高氏は鰻《うなぎ》の料理が上手で、おりおり氏の料理で鰻をたべに行った。この家では日本流の飯もたき、胡瓜《きゅうり》の漬物なども作るという日本風の料理が出来たので、自分らもしばしばここにたべに行ったものである。(2)」

真實は、つぎのように言っている。

「嘉納文学士は、住処は異なれど、間が一町もなき所ろ、殊に、毎日食事は、小生の宿処にきてせらるゝ事故、同宿も同しことなり、時々話にみがいると、朝方までやらかすことあり、先頃は五時半に及びたり、坪井熊文学士も、随分朝まで話す人だが、大体五時が限なりき、嘉納学士は、五時半、これにかのうものはない。この学士は、四月か五月まで、当地の留まらるゝならん」[3]
真實は、「日本婆ーサンFrau V. Logerström」[4]の家に、下宿していた。彼は、ベルリン大学から他の大学へ転学することを述べているけれども、留学中、ここに、ずーっと下宿していたのであろう。ここで得た情報を下に、学士会月報に投稿したのであろう。
真實は、来客の応対だけに時間を費やしたのではない。友人の間で勉強家、努力家として通っていた真實は、講義の聴講、研究に従事したのは言うまでもない。
彼は、一八九一(明治二十四)年八月十日、ベルリン大学に退学届を出し、帰国するまでの詳細は分からないが、仏→英→米を経て、一八九二(明治二十五)年二月二十八、三年半ぶりに、横浜港に着いた。

注(1)財団法人講道館監修『嘉納治五郎大系　第一〇巻　自伝・回顧』本の友社　一九八九年十月二十五日(三版)二一五頁。
日高真實によると、嘉納治五郎は、一八八九(明治二十二)年十二月三十一日と、「去年の末も末」に、ベルリンに到着したという。真實が、駅まで迎えに行くと約束していたが、「家伝の朝寝で、しくじり〳〵、部屋の戸をたゝく音で、目がさむれば、臥床の前にあらはれ出たる武智光秀は、即ち嘉納文学士なりき」という。(『学士会月報』第二七号　明治二十三年五月二十日　二七頁。)
(2)同前書　二一六頁。
(3)『学士会月報』第二七号　明治二十三年五月二十日　二八頁。
(4)同前誌　第九号　明治二十一年十一月二十日　二三〜二四頁。

第五章　帰国後の日高真實の活動と友人達

第一節　帰国後の日高真實の活動

約三年半のドイツ留学を終えて、日高真實は、一八九二（明治二十五）年二月二十八日、横浜港に到着する。真實がドイツに留学していた約三年半余の間、日本は、どのように変化していたか。その大きな変化の一つは、「大日本帝国ハ万世一系ノ天皇之ヲ統治ス」（第一条）という天皇が強大な権限を有する『大日本帝国憲法』が、一八八九（明治二十二）年二月十一日、発布された。これによって、天皇制国家体制が確立された。衆議院と貴族院の二院制の帝国議会が開設されたが、二院は全く対等の権限をもっていたため、国民の意思を反映する衆議院の発言権は半分しかなかった。しかも、衆議院の有権者は、満二十五歳以上の男子で国税一五円以上の納入者に限られており、全国民の約一・一パーセントに過ぎなかった。一八九〇（明治二十三）年五月十七日には、『府県制・郡制』が公布され、戦前の地方自治制度が確立するのである。

教育の分野では、内閣制が発足し、初代文部大臣に就任し、積極的に教育改革を進めていた森有礼が、大日本帝国憲法発布祝賀式典が行われる当日、刺され、亡くなる。翌年の十月七日は、小学校令が改正され、小学校について詳細な規定がなされる。そして、同月三十日、戦前の教育の基本理念となる『教育勅語』が公布されたのである。

まさに、新しい日本国が、着々と、進展しようとしていた。その頃に帰国した日高真實は、帰国翌月の一八九二（明治二十五）年三月十六日、「高等師範学校教授兼文科大学教授」に任命されたのであった。ここで注目すべきことは、「兼」という文字である。(1) 素直に考えると、高等師範学校教授が専任で、文科大学教授は兼任ということになる。しかし、『帝国大学一覧』（従明治二十五年至明治二十六年）によると、文科大学の教授の欄に、日高真實の名がある。しかし、日高真實は、「高等師範学校教授トシテ五級俸(2)（但当分千円支給）(3)文科大学教授トシテ四百円支給セラ」れたのであった。給料額からみると、高等師範学校教授としての俸給が多い。一週間の「教育学」の担当時間も、高等師範学校の方が多いのである。

『師範学校令』によると、高等師範学校は、東京に一校設置されることになっていて、『高等師範学校学科及其程度ノ事』（明治十九年十月十四日　文部省令第一七号）によると、その学科は、男子師範学科と女子師範学科に分かれていた。そして、男子師範学科は、理化学科、博物学科および文学科に分かれていた。修業年限は三カ年で、文学科の時間配当は、表（V－①）の通りである。教科の中で配当時間の多いのは、教育学・倫理学の時間である。第一学年、四時間、第二学年、三時間、第三学年、十三時間である。この配当時間は、理化学科、博物学科とも、同じである。その内容は、教育汎論、教授汎論、教授各論、教育史、批評及実地練習、人倫道徳ノ要旨等々である。

女子師範学科は独立して、一八九〇（明治二十三）年三月二十五日、女子高等師範学校となる。

一八九二（明治二十五）年七月には、高等師範学校の学則は、大幅に改正される。学科は、文学科、理化学科、博物学科の三学科に分けるのは変わらないけれども、文学科を、国語および漢文を主とする甲科と外国語を主とする乙科の二科に分けたことは、以前と異なる。また、各科の修業年限を三ケ年から四ケ年に延長したことも、重要な改正である。勿論、学科目および毎週教授時数も、大幅に改正された。それは、表（V—②）の通りである。

大幅な改正の要点は、表（V—②）の注で記した通りである。

表（V—①）高等師範学校文学科の授業時間配当表（明治十九年十月十四日制定）

文学科	第一学年	第二学年	第三学年
教育倫理学	四	三	一三
国語漢文	六	四	四
英語	六	五	三
地理歴史	六	五	
理財学		三	
哲学	二	四	四
音楽体操	六	六	六

注　文部省『師範教育関係法令』昭和十三年三月　八一頁。

兼職となっている帝国大学教授の場合を検討してみよう。一八九二（明治二十五）年十二月二十四日出版の『帝国大学一覧』（従明治二十五年至明治二十六年）によると、文科大学の教授の一員として、「教育学　文学士　日高真實　宮崎」とある。これから見ると、帝国大学文科大学の専任教授である。文科大学は、哲学科、国文学科、漢学科、国史科、史学科、博言学科、英文学科、独逸文学科、仏蘭西文学科の九つの学科からなる。真實の出身学科の哲学科の学科課程は、つぎの通りである。

「哲学科

第一年

哲学概論（第一期）	第一期	毎週四時
西洋哲学史（第二、三期）	第二、三期	毎週五時
史学	一年間	毎週三時
国語	一年間	毎週一時
漢文	一年間	毎週三時
理学（動物学若クハ地質学）	一年間	毎週三時
英語	一年間	毎週三時
独逸語	一年間	毎週三時
羅甸語	一年間	毎週三時

第二年

西洋哲学史	一年間	毎週三時

論理学及知識論　第二、三期　毎週三時
史学　一年間　毎週三時
社会学　一年間　毎週三時
比較宗教及東洋哲学　一年間　毎週一時
支那哲学　一年間　毎週一時
印度哲学　一年間　毎週二時
生理学　一年間　毎週三時
心理学　一年間　毎週三時
倫理学　第二、三期　毎週三時
国文学　第一期　毎週二時
独逸語　一年間　毎週三時
羅甸語（随意）　一年間　毎週三時

第三年

美学及美術史　一年間　毎週二時
教育学　一年間　毎週二時
哲学　一年間　毎週二時
比較宗教及東洋哲学　一年間　毎週二時
支那哲学　一年間　毎週二時
印度哲学　一年間　毎週二時

精神病論	一年間	毎週二時
哲学実習	一年間	毎週三時
独逸語	一年間	毎週三時
倫理学×	一年間	毎週三時
心理学（精神物理）×	一年間	毎週三時
社会学×	一年間	毎週二時
希臘語×	一年間	毎週三時

×印ノ四課目中一課目ヲ撰修セシム（4）」

教育学は、第三学年で、毎週二時間、講義が行われている。哲学科以外の八学科も、そうである。したがって、文科大学では、九学科の学生全員が、合同で、教育学の講義を受けたのであろう。

高等師範学校の教育学担当の時間数と比べると、帝国大学での教育学担当時間数は、かなり少ない。このことから、「高等師範学校教授兼文科大学教授」と称せられ、給料も、高等師範学校教授として、千円、文科大学教授として、四百円、支給されたのである。（4）

高等師範学校および文科大学で講義された教育学の内容は、今のところ分からない。しかし、それは、帰国、約一年前に出版された『日本教育論』および、帰国直後に出版された『教育に関する攻究』に基づいたものであったものであることは推察出来る。それについての検討は、次章で行うことにする。

真實の職務は、高等師範学校および文科大学で、教育学を講義し、指導するだけではなかった。文部省の専門委員の仕事もあった。

表（V－②）高等師範学校毎週授業時間配当表（明治二十五年七月改正）

学年	修身	教育学	国語	漢文	外国語 英語	外国語 独語	哲学	歴史	地理	経済学	法制	数学	簿記	物理学	化学	天文学 地文学	鉱物学	地質学
文学科 一年	二	—	(甲)五 (甲)五	(甲)五 (乙)五	(甲)五 (乙)五	三	三	二	二	—	—	—	—	—	—	—	—	—
文学科 二年	二	三	(乙)四 (乙)二	(甲)六 (乙)二	(甲)三 (乙)八	二	三	五	—	—	—	—	—	—	—	—	—	—
文学科 三年	二	三	(甲)三	(甲)六	(甲)三 (乙)九	二	—	六	—	二	一	—	—	—	—	—	—	—
文学科 四年	二	七	(甲)三	(甲)六	(甲)二 (乙)八	一	—	三	—	—	三	—	—	—	—	—	—	—
理化学科 一年	二	—	二		八		三	—	—	—	—	六	—	二 実二	二 実四	—	—	—
理化学科 二年	二	三	二		四		三	—	—	—	—	四	—	三 実四	三 実二	—	—	—
理化学科 三年	二	三	—		—		—	—	—	—	一	四	—	五 実四	四 実四	四	—	—
理化学科 四年	二	七	—		—		—	—	—	—	三	二	三	一 実四	二 実四	五	—	—
博物学科 一年	二	—	二		八		三	—	—	—	—	—	—	—	三 実二	—	—	—
博物学科 二年	二	三	二		四		三	—	—	—	—	—	—	—	二 実二	—	三	—
博物学科 三年	二	三	—		—		—	—	—	二	一	—	—	—	—	—	—	三
博物学科 四年	二	七	—		—		—	—	—	—	三	—	—	—	—	—	—	—

植物学	動物学	生理学	図画	農業	体操	習字	図画	音楽	商業	手工	合計
｜	｜	｜	｜	｜	四	二	二	二	二	｜	三三
｜	｜	｜	｜	｜	四	二	二	二	二	｜	(甲)三四 (乙)三三
｜	｜	｜	｜	｜	四	二	二	二	二	｜	三四 三一
｜	｜	｜	｜	｜	四	二	二	二	二	｜	三三 三〇
｜	｜	｜	｜	｜	四	｜	二	二	｜	二	三一 実六
｜	｜	｜	｜	｜	四	｜	二	二	｜	四	三二 実六
｜	｜	｜	｜	｜	四	｜	二	二	｜	四	三一 実八
｜	｜	｜	｜	｜	四	｜	二	二	｜	二	三一 実八
二 実二	三	｜	三	二 実三	四	｜	｜	｜	｜	｜	三二 実七
二 実二	二 実四	｜	｜	二 実三	四	｜	｜	｜	｜	｜	二九 実一二
四 実四	三 実四	三	｜	二 実三	四	｜	｜	｜	｜	｜	二七 実一二
二 実四	二 実四	三 実二	｜	二 実三	四	｜	｜	｜	｜	｜	二五 実一三

注
(1) 明治二十六年四月より、一年生から実施。
(2) 修業年限を四ケ年とする。
(3) 文学科は、さらに、甲乙二科に分ち、国語および漢文を主とする者を甲科とし、外国語を主とする者を乙科とする。
(4) 文学科に於ては、習字・図画・音楽・商業を随意科目として、その一科を課し、理化学科に於ては、図画・音楽・手工を随意科目としてその一科を課すのである。博物学科は、学科目多きをもって、随意科目を置かないのである。
(5) 第四年の時間数は、第一学期のみに限り、第二・第三学期は、主として附属学校において、実施授業に従事せしめ、傍ら学校管理法ならびに、教育に関する法令を授くるのである。
(6) 前の規程に比べると、学科目は、つぎのように改正された。
1、倫理学を修身と改め、諸学科の筆頭に置いたこと。
1、国語、漢文を理化学科および博物学科に加えたこと。
1、哲学を理化学科、博物学科にも加えたこと。
1、三分科ともに、法制の科を加えたこと。
1、理化学科において、特に簿記を一科としたこと。
(7) 東京文理科大学『創立六十周年』昭和六年十月三十日　四一～四四頁による。

一八九二（明治二十五）年十二月十九日、明治二十六年の尋常師範学校、尋常中学校、高等女学校の教員検定試験の試験委員に任命されている。それは、文科大学学長である外山正一をはじめ、四六名で、当時、各教科の最高峰と言われる人々であった。この場合、真實の肩書きは、高等師範学校教授である。(5)

翌一八九三（明治二十六）年二月二日には、中学校学則取調委員に任命される。委員は、六名であるが、委員長には、文部省専門学務局長である浜尾新が任命され、委員には、菊池大麓（理科大学長　理学博士）、高嶺秀夫（高等師範学校長）、木下広次（第一高等中学校長　法学博士）、嘉納治五郎（文部省参事官）、日高真實（文科大学教授）が命ぜられた。ここで注目すべきは、真實の肩書が、文科大学教授となっていることである。(6)

それはさて置き、同年三月七日、河野敏鎌から井上毅に、文部大臣が変わると、この委員会は、活発に活動し、中学校制度改正において重要な意味を持つようになる。中学校学則取調委員を助けるために、四月中旬中学制度取調掛が置かれる。これが置かれると同時に、集中的に審議され、その意見書が井上文相に提出され、委員は、五月二十一日に任を解かれる。意見書の骨子は、つぎのようであると言われている。学科課程において、学術性を重視すると同時に、実用性をも重視することとし、また、小学校から大学までの連絡をスムーズにし、大学卒業までの年限を短縮することである。(7)真實が、この委員会で、どのような役割を果したかは分らないが、彼は、彼なりに、中等教育に関して意見を持っていたのは言うまでもない。それについては、次章で考察する通りである。

真實は、「彼は十二時を過ぎざれば寝ねず、朝は必東天の白む頃に起き出てゝ、孜々其職務を果すことを力め、其極右の病を得、病辱にあること殆んど二年」(8)とあるごとく、彼は、非常なる努力家で、それが一因となって、肺を患い、中学学則取調委員に任命された頃には病は進み、一八九三（明治二十六）年九月九日、帝国大学教授を依願免官となる。翌年五月二十八日には、高等師範学校教授を非職となる。同年八月二十日には、帰らぬ人となった。

注

(1) 東京帝国大学『東京帝国大学五十年史』(上) 昭和七年十一月二十日 一三二〇〜一三二一頁。
(2) 帝国大学『帝国大学一覧』(従明治二十五年至明治二十六年) 明治二十五年十二月二十四日 一六七頁。
(3)『高鍋郷友会報告』第一八号 明治二十八年三月二十三日
(4) 前掲書『帝国大学一覧』(従明治二十五年至明治二十六年) 一七〇〜一七三頁。
(5)『大日本教育会雑誌』第一二三号 明治二十五年十二月二十五日 七七〇〜七七一頁。
(6)『教育時論』第二八二号 明治二十六年二月十五日 二九頁。
(7) 海後宗臣編『井上毅の教育政策』東京大学出版会 一九六八年二月二十五日 二二二一〜二二二四頁。
(8)『教育時論』第三三八号 明治二十七年九月五日 二八頁。

第二節 友人達

一枚の写真がある。(グラビア参照) これは、一八八七(明治二十)年九月撮影の写真である。[1] 向って右から徳永(のち清沢)満之、上田萬年、日高真實、岡田良平、沢柳政太郎である。それぞれ、『大人名辞典』(平凡社)に名を連ねている。日高真實が、中央にでんと坐っている。これは、彼が一番年上であるからではない。一番年上は、徳永であり、岡田、日高、沢柳、上田と、つづく。五人は、同じ文科大学出身であるけれども、卒業年月は、日高(明治十九年七月)、徳永、岡田(明治二十年七月)、沢柳、上田(明治二十一年七月)である。服装からみると、日高だけが和服で、あとの四人は、洋服である。四人のうち二人、沢柳と上田は、学生であるので学生服姿である。徳永と岡田は、卒業間もないのか、スーツ姿である。そして、日高は、当時帝国大学大学院生であり、嘱託として文科大学の英語講師に就任していた。

それは、さて置き、四人の経歴をみてみよう。

(イ)　徳永満之〔一八六三（文久三）年〜一九〇三（明治三十六）年六月六日〕

名古屋に生まれ、東京大学予備門を経て、一八八七（明治二十）年七月九日、帝国大学文科大学哲学科を卒業。その後、大学院に入って宗教哲学を専攻。かたわら、第一高等中学校および哲学館にて教鞭をとる。翌一八八八（明治二十一）年、真宗大谷派の中学校長に就任する一方、高倉大学寮にて宗教哲学を教える。一年後の一八九九（明治三十二）年、大谷派の新法主光演が上京することになり、彼は補導のため、東京に移住することとなった。同時に、東京に移転した真宗大学の学監となる。一方、寓居に、「浩々洞」の名をつけて学生を指導監督したり、日曜講話をしたり、雑誌『精神界』を発刊し、「精神主義」を鼓吹した。彼の著書および彼に関する著書は、多数あり、明治の宗教（仏教）界を代表する一人となった。惜しくも、一九〇三年四十歳の若さで亡くなる。(2)

(ロ)　上田萬年〔一八六七年二月十一日（慶応三年一月七日）〜一九三七（昭和十二）年十月二十六日〕

江戸（東京）に生まれる。東京大学予備門で学んだ後、東京大学に入学、一八八八（明治二十一）年七月十日、帝国大学文科大学和文科を卒業。直ちに、大学院に進学、間もなく、日高真實講師のあとをうけて、萬年は、文科大学の英語学校授業嘱託講師となる。一八九〇（明治二十三）年九月、ドイツに留学、さらに、フランスへ留学、そして、一八九二（明治二十七）年六月、帰国、翌月、帝国大学文科大学の教授に任命される。その後、国語学の発展に寄与する。一八九八（明治三十一）年十一月、文部省専門学務局長兼文部省参与官に任ぜられるけれども、東京帝国大学教授をも兼務していた。一九〇二（明治三十五）年三月、学務局長を辞め、文科大学教授専任となる。一九一二（明治四十五）年三月には、東京帝国大学文科大学学長に就任する。その間、国語調査委員会の委員をしたり、著作活動をしたり、多忙であった。一九二六（大正十五）年十二月、貴族院議員となる。翌年三月、東京帝国大学を停年となる。同時に、国学院大学学長に就任。二年後には、それを辞め、その後、臨時ローマ字調査委員、神社制度調査会委員等をしたりして晩年を過し、一九三七（昭和十二）年十月二十六日、亡くなる。(3)

(ハ) 岡田良平〔一八六四年六月七日（元治元年九月十七日）〜一九三四（昭和九）年三月二十三日〕

岡田良平は、遠江掛川藩（静岡県）の藩士良一郎の長男として生まれる。幼い時から、四書五経の教育を受け、良平は、一八七九（明治十二）年、上京し、二月東京府立第一中学校に入学し、六ケ月の勉強の結果、同年九月、東京大学予備門に合格する。三年後の一八八三（明治十六）年六月予備門を修了。東京大学文学部に進学、哲学を学び、一八八七（明治二十）年七月九日、帝国大学文科大学哲学科を卒業する。直ちに、大学院に進むと同時に、第一高等中学校で、歴史科を嘱託として教えることになる。一八九〇（明治二十三）年十月、第一高等中学校教授となり、その後、文部省視学官（明治二十六年二月）、参事官、山口高等中学校長（明治二十七年一月）、参事官（明治二十九年三月）、実業学務局長（明治三十三年）を経て、文部次官沢柳政太郎の懇請により、一九〇七（明治四十）年十月、京都帝国大学総長となる。翌年七月には、文部次官、そして、一九一六（大正五）年十月九日、文部大臣に就任（一九一八年九月二十九日まで）、再び、一九二四（大正十三）年六月十一日、文部大臣となる（一九二七年四月二十日まで）。彼の大学卒業後の経歴は、文部行政にかかわるものであり、一九三四（昭和九）年三月二十三日、七十歳で亡くなる。三歳下の弟も、文部大臣となったのであった。(4)

(ニ) 沢柳政太郎〔一八六五年五月十七日（慶応元年四月二十三日）〜一九二七（昭和九）年三月二十一日〕

信州松本に生まれる。一八七三（明治六）年、父の仕事で、山梨県甲府に移り、小学校である徽典館に入学。翌年二月、松本に帰り、四月、開智学校に編入。父の転勤により、一八七五（明治八）年九月、上京、東京師範学校附属小学校に編入。勉学は順調に進み、一八八〇（明治十三）年九月、東京大学予備門に入学、四年後の一八八四（明治十七）年九月、東京大学文学部哲学科に進学する。一八八八（明治二十一）年七月十日、帝国大学文科大学哲学科を卒業。七月十四日、文部省総務局に雇われる。かたわら、東京専門学校、哲学館の講師となり、「心理学」、「社会学」、「倫理学」を教えた。一八九〇年八月には、文部省書記官となり、翌年二月、結婚、八月、文部大臣秘書官兼文部省書記官となる。(5) 一八九二（明治二十五）年十一月二日、「修身教科兼機密漏洩事件」にまき込まれ、辞職。翌年九月十六日、先輩の徳永満之の懇請により、京都大谷尋常中学校長となるが、一年後には、辞め、その後、群馬県尋常中学校校長、第二高等学校長、第一高等学校校長等を経て、一八九八（明治三十一）年十一月二十四日、文部省普通学務局長となる。樺山資紀文部大臣の下で、教育制度の改革に取り組む。一九〇六（明治三十九）年七月十八日、文部次官となる。二カ年の在任中、義務教育年限を四カ年から六カ年に延長したり、高等教育機関の増設等に尽力する。

一九〇八（明治四十一）年七月二十一日、文部次官を依願免官となるが、著作活動に集中する一方、貴族院議員（勅選）、高等教育会議議員に選ばれる。

一九一一（明治四十四）年三月十四日、東北帝国大学初代総長に就任、二年後の一九一三（大正二）年五月九日、京都帝国大学総長に任命される。「京大沢柳事件」を引き越し、翌年四月二十八日、京都帝国大学総長を辞任する。同年七月十八日には、文学博士の学位を授与されるが、その後、民間人として、日本の教育の発展に尽すことになる。一九一六（大正五）年二月一日、帝国教育会長に就任、同年九月二十二日、私立成城中学校長となり、翌年四月一日には、新教育運動の中心となる私立成城小学校を創設し、その校長となる。一方では、臨時教育会議委員、教育評議会委員、臨時教育行政調査会委員等をしたり、他方では、欧

米教育視察をしたりして、国際交流に尽力し、一九二七（昭和二）年十二月二十四日、死去。(6)

以上、写真に一緒に写った四人の活動と業績を略述して来た訳であるが、徳永は宗教界で、上田は、国語研究および、文部行政で、岡田は、最後は文部大臣を勤めるという文部行政で、沢柳は、文部行政と教育学研究と民間教育等で活躍し、わが国のリーダーとなり、それぞれの分野で、わが国の発展に寄与したのである。これらを見てみると、真實が、もう少し、長生きしていたらなと、思うことがある。真實の友人は、前述の四人だけでないことは言うまでもない。(7)

注（1）澤柳禮次郎著『吾父澤柳政次郎』富山房　昭和十二年十月三十日　三〇〜三一頁。

（2）(イ)　吉田久一著『清沢満之』吉川弘文館　昭和三十六年六月五日

(ロ)　「清澤満之」（下中彌三郎編『大人名事典』（第二巻）平凡社　昭和二十八年十一月二十八日　三四二頁）

（3）(イ)　「上田萬年」（昭和女子大学近代文学研究室著『近代文学研究叢書』（四二巻）昭和女子大学近代文化研究所　昭和五十年十一月三十日　二五五〜二九四頁）

(ロ)　「上田萬年」（下中彌三郎編『大人名事典』（第一巻）平凡社　昭和二十八年九月三十日　三四七〜三四八頁）

(イ)と(ロ)では、生年月日と名前の読み方が異なる。生年月日は、(イ)では、慶応三年一月七日とあるが、(ロ)では、同年一月一日とある。名前の読み方は、(イ)では、「うえだかずとし」、(ロ)では、「うえだまんねん」と、称している。

（4）(イ)　下村寿一著『岡田良平』（日本教育先哲叢書　第二三巻）文教書院　昭和十九年一月二十日

(ロ)　前掲書『大人名事典』（第一巻）三四七〜三四八頁。

（5）沢柳政太郎は、鹿児島県知事、初代八幡製鉄長官となった山内提雲（一八三八年十月（天保九年九月）〜一九二二年）の長女「はつ」と、一八九一（明治二十四）年二月二十四日、結婚。日高真實は、その妹「ゆき」（雪子）と翌年の十月、結婚する。『在東京高鍋郷友会報告』（第一七号　明治二十五年十二月　一八頁）によると、「◎日高文学士ノ婚儀　郷友文学士ヒダカ真實君ハ今般前鹿児島縣知事山内提雲氏ノ令嬢ユキ子ト結婚セラレタリ」とある。すなわち、真實と沢柳は、帝国大学文科大学の先輩後輩であるとともに、義兄弟である。

（6）(イ)　澤柳政太郎著『澤柳政太郎全集　第一〇巻』国土社　一九八〇年三月三十一日　五一一～五一六頁
(ロ)　「澤柳政太郎」（下中彌三郎編『大人名事典』（第三巻）平凡社　昭和二十八年十二月二十三日　一八六～一八七頁）

（7）一八八六（明治十）年七月、帝国大学文科大学選科を卒業した松本源太郎（一八五九～一九二五）も、その一人である。彼は、真實が亡くなったとき、略伝を書いた人物である。卒業後、第一高等中学校教授、高等師範学校教授、第五高等学校教授、山口高等学校教授等を歴任し、のち宮中顧問官となる。（下中彌三郎編『大人名事典』（第六巻）平凡社　昭和二十九年六月十五日　八一頁）

第六章　日高真實の教育論の形成と教員養成論

第一節　教育論の形成

真實は、一八八二（明治十五）年九月に、東京大学文学部哲学科に入学する。儒者である祖父、父、そして、幼い時、漢学の素養ある祖母から教育を受けた真實が、何故に、文学部の主要学科であると言われていた、洋学を教えた哲学科に進学したのか、詳細は分からない。しかし、その背景の一つには、漢学から洋学へ移りつつあった時代背景があったのは言うまでもないであろう。また、真實が、教育学を学び、それを一生の仕事としようとしたのか、それも、詳細は分からない。真實は、東京大学を帝国大学と名称を変更して間もない一八八六（明治十九）年七月、帝国大学文科大学哲学科を卒業する。

分からないことばかりであるが、大学在学中の約四年間の間に、教育に関心を持ち、彼の教育論の基礎を形成して行ったのであろう。

前掲の表（Ⅲ−⑤）を見れば分かるように、真實は、一年次に、フェノロサに論理学、第二年次に哲学、第四年次に、外山正一とフェノロサに哲学を学んでいる。その他の科目をも学んだのは言うまでもない。しかし、文学部哲学科の学生は、理学部の学生と異なり、論文を書かなければならないので、授業時間を少なくしたと言う。在学中、真實は、つぎのような論文を発表している。

（1）「儒教と東洋開化との関係を論ず」（以下次号）『東洋学芸雑誌』第三十号　一八八四年三月　三一五〜三一九頁。
（2）「儒教と東洋開化との関係を論ず」（前号の続き）『東洋学芸雑誌』第三十一号　一八八四年四月　一五〜一九頁。
（3）「儒教と東洋開化との関係を論ず」（未完）『東洋学芸雑誌』第三十二号　一八八四年五月　四六〜五二頁。
（4）「儒教と東洋開化との関係を論ず」『東洋学芸雑誌』第三十三号　一八八四年六月　八五〜八六頁。

これらの論文は、真實が、東京大学に入学して約一年半後に、公刊されたものである。タイトルの末尾にある、「以下次号」「前号の続き」「未完」という語句が示しているように、やや幼さが窺えるが、この論文は、八節からなり、十九歳の若者が書いたとは思えない堂々たるものである。

先ず、東洋とは何か、そしてつぎに、東洋と儒教の関わりを、つぎのように論じている。

「余が茲に東洋と称するものは、支那と日本とを合わせていふなり、支那と日本とは、古来制度といひ、学問の風といひ、随て又開化といひ、同様なる点多くして、支那開化のことを論ずれば、日本の開化のことも随て出来るなり、且又儒教の行れたるは首としては日本及び支那二国なる故に、儒教及び東洋開化の関係を論ずる時は、日本と支那とは区別すること難きに似たり」(1)

さらに、真實は、当時の東洋の学問状況について、つぎのように、切言している。

「古来理学の思想に乏しくて、茲にある所の学は文章の学と極めて不完全なる哲学ことに過ず、文章の学あればとて理学よりして之を看れば、其不整なること固より論を待たず」(1)（傍点は、原文の通り）。

真實によると、哲学の起源を見れば、東洋と西洋とは、年代的には変わらないが、それから二千数百年を経た現在、東洋と西洋の学問状況は、大いに異なっていると言う。

「東西洋とともに学問の起こり始の時は大に異れりとはいい難し、然るに今日に至りては非常の差異を生ずるに至れり、東洋にてハ数学及ひ天文学のみ極て少々ながら知られたりといへども、物理学化学地質学動物学等凡て他の理学なるものは絶て興起する気色なく西洋諸国と交通を始てより纔に理学なるものあることを知たるのみにして、今といへども理学を無益視して謗り罵るもの甚だ多きを見る、余は是を以て学問社会にあるもの尤も憂ふへき所と信ずるなり」(2)（傍点は原文の通り）。

二千余年の間に、何故、東洋は、西洋に遅れをとったのか。真實は、その大きな原因の一つとして、儒教にあると、考える。

「儒教なるものは第三節に論したる如く、人間交際の道、即ち仁の学のみを以て、真の学問とし、其余には学問なしとしたるなり、而して東洋の学者多くは之に心酔して、徹頭徹尾、儒教を信して之を疑ふものなく、之を益進歩せしめんとして之を疑ふものなく、之を益進歩せしめんとしたるものなし、之を疑ふときは、世人の誹謗をうけ之を進歩せしめんとするときは、儒教は既に完全無欠の学にして更に進歩せしむべからざる者と猥に信ぜしなり」(3)(傍点は原文の通り)。

「孔子の教にては仁といふことのみを論ずることのみを知りて、学問をなしても仁以外の事を研究するものは之を卑るの弊起れり、且理学を盛に起すべきの激因は儒教を奉するもの・語ることを尤も諱むところなり」(4)(○印は原文の通り)。

「孔夫子さへ自ら作らす吾輩何ぞ新に作すべけん古を信じて是足れり別に新たなる学派を起こすべからずとて後世の学者は新奇の説を立て之を主張することを嫌ふに至れり」(4)(傍点は原文の通り)。

等々と述べ、「東洋の開化は儒教の為に多分の妨害を受たることとなるべし。」(4)(傍点は原文の通り)と断言している。また、「今日に至りても日本支那にて西洋哲学理学を卑むるの弊多くは儒教より出たるなると信ずるなり」(5)とも、切言している。儒教の教えが、それを信奉する者、すなわち、儒者が、東洋開化を阻んでいるとする。やがて、真實は、教育学の研究へ進んで行く。何故、教育学の研究へ進んだのか分からないが、卒業論文と推察されるものを、『哲学会雑誌』に発表している。

(1)「教育哲学ハ実践哲学中ノ要地ニ措クベキヲ論ス」『哲学会雑誌(第一冊第五号)』明治二十年六月五日発行 二〇三~二一三頁。

(2)「教育哲学ハ実践哲学中ノ要地ニ措クベキヲ論ズ(第五号、続)」『哲学会雑誌(第一冊第七号)』明治二十年八月五日 三三一~三四九頁。

(3)「教育哲学ハ実践哲学中ノ要地ニ措クベキヲ論ズ(七号、続)」『哲学会雑誌(第一冊十号)』明治二十年十一月五日 五〇五~五一六頁。

(4)「教育哲学ハ実践哲学中ノ要地ニ措クベキヲ論ズ 教育哲学目録及略解(続き)」『哲学会雑誌(第二冊第十四

号）』明治二十一年三月五日　六八～九〇頁。

（5）「教育哲学ハ実践哲学中ノ要地ニ措クベキヲ論ズ　教育哲学目録及略解（続き）」『哲学会雑誌（第二冊第十五号）』明治二十一年四月五日　一三四～一六〇頁。

この論文の構成は、つぎの通りである。

まえおき（筆者注：題名なし。）
第一篇　性質ヲ論ス
　第一章　社会上ニツイテノ性質
　　第一節　親族
　　第二節（筆者注：題名なし。）
　第二章　国家ト教育トノ関係
　　第一節　教育ノ為ノ教育
　　第二節　格段ナル目的ヲ達スル為ノ教育
　　第三節（筆者注：題名なし。）（筆者注：以上は第一冊第五号）
　第三章　一個人タルノ教育
　　第一節　身体ニ関スル事
　　　第一項　内ヨリスルモノ
　　　第二項　外ヨリスルモノ
　　　第三項（筆者注：題名なし。）

第二節　精神上ニ関スル教育
第一項　精神ノ動作ニ関スル教育
一、武ヲ重ズルノ気風
二、職業ニ関スル
三、愛国ノ情ヲ養フ
第二項　精神静修ニ関スル教育
一、智育
二、徳育
三、美育
第三項（筆者注：題名なし。）
第三節（筆者注：題名なし。）（筆者注：以上は第一冊第七号）
第二篇　実設論
第一章　性
第一節　形体上
第二節　精神上
第三節　教育ノ仕組
第一項　男女合同ノ教育
第二項　男女受クベキノ教育異ルベキ事（筆者注：以上は第一冊第十号）
第二章　年齢

第一節　客観的時期
第二節　主観的時期
第三節　総合的時期
第三章　自由ノ教育
第一節　各人能力ヲ異ニスル
第二節　各種ノ官能皆発達力ヲ有スル
第三節　諸官能ノ無礙自在ナル作用
第一項　総体ノ教育
第二項　専門授業
第三項　相関　（筆者注：以上は第二冊第十四号）

第三篇　帰結篇
第一章　現実ノ結果
其《ママ》一節　人間ノ弱ミ
第二節　賞罰
第三節　各児ノ特性ヲ保護シ之ヲ養フコト
第二章　教育ノ理想
第一節　各児自身ニ於テ又自身ノ為ニ完美ナルコト
第二節　社会ノ有機的完美ノ中ニ又之ヲ有機的ニ完美ニスルガ為ニ活動アル一分子タラシムルコト
第三節　完美ナル総合

第三章　教育ノ進化
第一節　矛盾シタル思想、矛盾シタル言語、矛盾シタル動作、及思想言語動作ノ間ニ起ル矛盾ノ滅却スルコト
第二節　思想言語動作ノ自由
第三節　教育ノ理想ト現実ノ結果ト相近クコト（筆者注：以上は第二冊第十五号）

この論稿は、論文の構成、そして、ところどころ節・項等の題名がないことから見て分かるように、非常に稚拙である。その理由は何か。一般的には、真實の学問の未熟さを挙げるであろう。その通りである。しかし、筆者は、つぎの点を考慮すべきだと考えている。

（1）この論文は、真實が帝国大学を卒業して間もない約二十一歳頃に書かれたということである。

（2）この論文は、「文科大学中ノ各科ニ教育ノ一科ヲ加ヘ」る以前の演説であることである。(6)

（3）そして、別の箇所で、「現に教育哲学ナル名称モ一、二ヶ月前ニ始メテ世ニ公ニナリシコトナリ」(7)とあるように、教育哲学という言葉が使用されるようになって、間もないころに書かれたことである。因に、「教育哲学」(8)という言葉が使用されるようになったのは、明治十九年十二月出版の『東京大学年報』からと推察する。

以上の点から考えると、日本の教育学成立の草創期の論稿であることが理解できるであろう。

この論稿を検討してみよう。

第一篇に入る前に、題名は付いてないけれども、長々と、前置きを述べている。真實は、先ず、教育の重要性を説いているけれども、しかし、理論的にも、実際的にも、深く省察したものでは無いと、断言している。そし

て、彼は、つぎのような視点から教育を論ずると言う。

「最余ガ茲ニ教育ト称スル所ハ単ニ一人ノ小児ニ就キ如何ニシテ之ニ知識ヲ得セシメン如何ニシテ之ガ道徳ヲ高カラシメン等ノ方法ヲ論ズルノミナラズ教育ノ組織ハ如何々々シテ之ヲ一国ニ布設スベキ教育ニ関シテ政府ハ如何ナル権利ト如何ナル義務ヲ有スルカ何ヲ教育ノ目的トスベキカ如何ナル教育ヲ施シテ満足ノ教育トスベキカ等ノ諸問題ヲ哲理ニ照シテ論定シ之ヲ実際世界ニ施行スル、順序及方法ヲ論ズルトコロノモノナリ」(9)

すなわち、個人の視点からばかりでなく、国家の視点からも、教育は、どうあるべきかを論究すると言う。(10)最近、ヨーロッパ諸国では教育に力を入れて、「大抵強迫教育ヲ施行シ全ク人民ニ放任シタルモノハアラズ」と。日本は、ヨーロッパに比べると、かなり遅れていると言う。開化を進め、国力を養ふには、「唯其国民ノ進歩如何ニ在リ」とする。そして、国民の進歩は、「教育布設ノ組織及ヒ教育ノ方法ノ如何ニヨルコト最モ多シ」と。そのため、日本においては、教育の在り方を研究することが緊要であると言う。(11)

教育研究においては、第一に、教育史、第二に、教育哲学の研究が重要であると言う。第一の教育史研究においては、「古来諸国ノ教育施設法、教授法ノ沿革、教育主義ノ変遷、其施設法、其主義ヲ喚起セシ所以ノ諸勢力、其結果等ヲ論ズコノ部分ハ完全ナル教育学トシテ欠クベカラザルコトニシテ教育哲学ノ思想方向ヲ定ムルニ最モ必要ナリ」と、第二の教育哲学においては、前掲の数項（篇・章・節・項）を論じ、(12)「教育哲学ヲシテ実践哲学中ニ於テ高位置ヲ得セシムルニ足ルコトヲ了知セラレンコト」にあると、言う。因に、真實は、留学すると、教育史、教育哲学の他に、教育研究において、比較教育学の必要性を説くのである。

以上のように、まえがきで述べた後、真實は、つぎのように論じている。本文の構成は、大きく、三篇に分けられる。その第一篇は、さらに、三章に分けられる。先ず、第一章では、社会と教育との関係を論じ、子どもは、社会を構成する分子であるので、その社会の一員となるよう教育しなければならないと言う。[13] つづいて、第二章では、国家と教育との関係を論じ、国家が、教育において第一にすべきことは、「国民ヲシテ尽ク人タル所以ノ教育ヲ受ケシムルコト」[14]で、その上、それぞれの進路に向かうようにすることが、「国家ノ社会全体ニ対スル義務ナルベシ」と、真實は主張する。第三章では、一個人の教育について論じる。[15] 当時、一般的に、個人の教育を、知育、徳育、体育の三者に分けて論じ、三者のうち、知育と徳育とを重視したのであるけれども、真實は、精神上の教育と身体上の教育との二者に分け、身体上の教育をも重視したのである。

「理学上ヨリ断定シタル通常ノ即チ身体ノ弱キモノハ精神上ニモ多少活動ヲ減ズルトイフコトヲ土台ニシテ議論スベキナリ故ニ教育ヲ充分ニセザルベカラザルコト明カナリ或ル教育家ハ身体ノ教育ハ教育トイフコトノ真ノ部分ニアラズト説ケリコレ教育ハ全人ヲ得ンコトヲ目的トセズシテ半人ヲ得ントスルモノナリ」

真實によると、欧米人は、日本人に比べると、身体的に強壮であるが、その原因は、先天的なものではなく、体育が普及しているところにあると言う。真實自身、帝国大学学生時代、ボートに打ち込んでいたと言われている。学生時代の写真を見ると、真實は、他の友人達と比べると、かなり強健であったと、推察される。

真實は、精神上の教育を二つに分ける。それは、精神動作と精神静修である。前者の精神動作の教育において重視すべきものは、三つあるという。一つは、武を重んじること、二つは、自分の職業ばかりでなく、他の職業をも理解し、「共同公益ヲ図ルノ気象勇気ヲ養フ」こと、三つは、愛国心を養ふこと、である。後者の精神静修の教育は、一つは、理学上の教育、二つは、道義上の教育、三つは、美学上の教育である。別言すれば、知育、徳育、美育である。

第二篇の実設論では、教育を実施するに当たって如何なる限界があるのかを論究するものである。このことについて、「性」、「年齢」、「自由の教育」の三つに分けて論じている。

第一章の「性」においては、形体上（第一節）、精神上（第二節）、教育の仕組（第三節）の三つに分けて論じている。(16)そして、真實は、男女の教育について、基本的に、つぎのように考えていた。

「抑教育ナルモノハ人ヲ択ブモノニアラス之ヲ社会上ヨリ論スルモ国家ノ性質ヨリ見ルモ教育ヲ与ヘザルベカラザルハ男女ヲ於テ異ル所ナシ然レドモ男女ハ既ニ男女ト名ヲ異ニスル尤多少性質ノ異ナル所アリ教育ハ教育ヲ受ルモノ、性質異ナルニ因テ異ナルベキモノナレハ男ト女トニ因リ異ナルベキハ論ヲ待ザルナリ」

また、別の箇所で、「男子ハ皆兵役ニ服スベキノ義務アリ而シテ家政ヲ掌ルハ女子ノ本分タルガ如キコレナリ」とか、「生来形体上ニ於テ男子女子已ニ本分ヲ異ニスルモノナリ」とか、さらに、形体上ばかりでなく、精神上においても、「多少ノ差異アルハ亦明ナリ」とも、真實は、根本的に、男女の差があると言うのである。

男女差がありながら、彼は、どのような教育行政上の仕組をとるべきか、と問う。男児も、女児も、同じ人間という下に、また合同（共学）の教育の方が、かえって効果があると、さらに、合同（共学）教育をしても、自ずと、男女差が出て来るものであるので、合同（共学）教育をすべきであるという考えがある。

されど、彼は、男女別学を主張する。

「天然ノ理法ニ従ヘバ男女合同ノ教育法ハ廃シテ男児ノ学校女児ノ学校ハ別々トシ学校ニ於テ教育上必要ナル道具其他募集品ノ如キモ男児ニ応シ女児ニ応シテ之ヲ作リ之ヲ集メルヲ要トス」

男女別学を主張する理由として、彼は、別の箇所で、上述の理由の外、大人（成人）となっての職業を異にするということ、国体、国勢、国俗の有様によることを挙げている。

彼は、男女別学を主張するだけでなく、男児は男子教師、女児は女子教師が担当するべきだと言う。

「女児ハ真ニ女ラシク男児ハ真ニ男ラシキヤウアルコトヲ要スルコト故教師モ亦然ラザルベカラズ即チ女児ノ教師ハ真ニ女ラシク男児ノ教師ハ真ニ男ラシキヲ要ス」

ある人は、教師の職は、「女子ニ最適スルモノナレバ男児ノ教育ヲモ女子ニ引受ケシメント説ケリ」と。その一人は、時の文部大臣森有礼であるが、これは、「誤見」であると、断言する。

また、彼は、教師ばかりでなく、教科書も、男女によって異なるべきだと言う。

彼は、男女差による教育を説くとともに、年齢差、すなわち、発達段階に応じた教育を主張する。(17)

「兎ニ角齢ニヨリテ課スル所ノ業モ異ナラザルベカラズ之ヲ課スルノ方法モ亦異ナラザルベカラザルナリ」

その発達段階を、彼は、客観的時期、主観的時期、総合的時期の三つに分ける。この分け方が、現在妥当であるか判断出来ないけれども、第一の客観的時期は、誕生とともに生じ、知覚力の発達する時期とする。第二の主観的時期は、五〜六歳よりはじまり、分解的、科学的能力の発達する時期とする。第三の総合的時期は、十二〜十三歳より総合的能力の発達する時期とする。彼は、それぞれの時期に、それぞれの能力を発達すべきであると主張する。

つづいて、第三章で、「自由ノ教育」という題の下に、彼は、個人の能力は、個人によって異なり、それぞれのすべての能力を十二分に発達させることを、教師は注意すべきであると言う。(18) それは、総体の教育といい、普通学科の教育と、身体上および精神上官能総体の教育との二つからなると言う。

総体の教育に対して、専門の教授があると言う。それは、一つは、人民をして社会を成り立たせるため、業を分ちて相互に補助せしめんがためであり、二つは、人民の生計を容易ならしめんがためであり、三つは、列強国との競争に勝利を得るためであると言う。そして、総体の教育と専門教授との両者は、個々別々に独立したものではなく、専門教授は、「必常総体ノ教育ヲ以テ地トナサザルベカラズ」と、切言する。

最後の第三篇の「帰結篇」は、第一章　現実ノ結果、第二章　教育ノ理想、第三章　教育ノ進化の三章からなる。その第一章は、三節からなる。(19) 実際の教育においては、彼は、「哲学上ノ議論ノミニ依リテ成立ツモノニアラザレバナリ」と明言している。人間の教育において、精神的にも、身体的にも遺伝上の制約があり、また、法令を整備しても、父母後見人等の心情財産等に制約されるという「人間ノ弱ミ」について、第一節で論じる。すなわち、教育の重要性を認識しながらも、実行は難しく、言うは易し、行うは、難しと言うのである。つぎに、第二節では、人間の弱さを克服するための一方策として、つぎのように提言している。

「人間ニ弱点アリテ教育上及ヒ授業上ニ妨害ヲナスコトアルガ故ニ適当ニ施行スルニ於テハ賞罰両ラ大ニ効果ヲ呈スルコトアリ」

しかし、賞罰を加えても、「各児ノ特権ヲ傷害セザルヲ要ス」と、第三節では、注意している。教育の現実を論じた後、第二章では、教育の理想が論じられているが、それは三節からなる。[20] 第一節では、「各児自身ニ於テ又自身ノ為ニ完美ナルコト」であり、つづいて、第二節では、「社会ノ有機的完美ノ中ニ又之ヲ有機的ニ完美ニスルガ為ニ活動アル一分子タラシムルコト」を、さらに、第三節では、「一個人ノ完美ト社会ノ完美トハコレ教育ノ眼中ニハ同時ニ二ニシテ又一ナルモノトシテ観ル所ナリ」と、教育は、「完美ナル総合」を理想とするというのである。最後の第三章では、「教育ノ進化」について論ずる。[21] それは、三節からなる。第一節では、「矛盾シタル思想、矛盾シタル言語、矛盾シタル動作、及思想言語動作ノ間に起ル矛盾ノ滅却スルコト」について論じる。そして、第二節で、それは、「思想言語動作ノ自由」の下、実施されるべきであると言う。さらに、第三節で、「教育ノ思想ト現実ノ結果ト相近クコト」を説く。

「教育ヲ実施スルニ方リテハ、其ノ社会ノ歴史性質其人民の性質其国家ノ歴史組織性質等ヲ詳ニシ而シテ後之ヲ理想目的ニ照シ合セ実施ノ方法ヲ定メザルベカラズ既ニ実施ノ方法ヲ如法ニ定メタル以上ハ有限ノ目的ニ従ヒ理想ノ境界ニ接近スルノ方法ヲ定メ之ヲ実行セザルベカラザルナリ然ルトキハ理想と現実ノ結果ト相接近スルノ実ヲ得ザルコト能ハザルベシ」

注（1）日高真實「儒教と東洋開化との関係を論ず」『東洋学芸雑誌』第三十号　一八八四年三月　三一五頁。
（2）同前　三一六頁。
（3）同前論文　第三十二号　一八八四年五月　四七頁。
（4）同前　四九頁。

(5) 同前　五一頁。
(6) 日高真實「教育哲学ハ実践哲学中ノ要地ニ措クベキヲ論ズ」『哲学会雑誌』第二冊　第十五号　明治二十一年四月五日　一五九〜一六〇頁。
(7) 同前論文『哲学会雑誌』第一冊　第五号　明治二十年六月五日　二一八頁。
(8)『東京大学年報』第三巻　四四頁。
(9) 日高真實「教育哲学ハ実践哲学中ノ要地ニ措クベキヲ論ズ」『哲学会雑誌』第一冊　第五号　明治二十年六月五日　二〇四頁。
(10) 同前　二一二頁。
(11) 同前　二一六頁。
(12) 同前　二一九頁。
(13) 同前　二二〇〜二二一頁。
(14) 同前　二二一〜二二三頁。
(15) 同前論文　第一冊　第七号　明治二十年八月五日　三三二〜三四九頁。
(16) 同前論文　第一冊　第十号　明治二十年十一月五日　五〇五〜五一七頁。
(17) 同前論文　第二冊　第十四号　明治二十一年三月五日　六八〜八一頁。
(18) 同前　八一〜九〇頁。
(19) 同前論文　第二冊　第十五号　明治二十一年四月五日　一二六〜一四四頁。
(20) 同前　一四四〜一五〇頁。
(21) 同前　一五〇〜一五九頁。

第二節　『日本教育論』の内容と意義

『日本教育論』は、真實の最初の著書である。しかし、明治二十三年十二月六日附の「べるりんの客寓に於て」という「日本教育論はしがき」によると、本書は、折にふれて書いたもので、蓄積されたら公刊しようと考えていたが、親友の文学士上田萬年の勧誘と文学士沢柳政太郎の尽力周旋により出版されることになったという。(1)義兄弟の沢柳が序文で、本の内容をつぎのように紹介している。

「文学士日高真實君、前に文科大学に研究生たるや、教育の想念と題する一篇の論を草して、大学に呈し、後、文部省の命にとり、独逸伯林大学に遊学するや、我帝国の教育に関し、所思を述べて、遠く之を学友に示されたり。前篇は、教育哲学の一部にして、汎く教育の想念を論じ、後者は、本邦教育上の事項に就き、著者の考を叙したるものなり、今茲に之れを出版するに至れる所以は、共に教育者を益すること大なるものあればなり。(2)」

そして、沢柳は、本書の題目である『日本教育論』も、沢柳自身が命名したものであり、巻之下の教育についてのいろいろの考えも、沢柳が命名したものであるという。(2)

それでは、『日本教育論』の目次を掲げてみよう。

・教育は実効を務むべきこと　61頁
附記
・学問は尊重すべきこと　70頁
附録
・宮崎県下の諸君に望む」

「緒言」によると、真實は、この本を書くことにおいて、つぎのような背景があったと言う。(3)
一つは、明治十九年七月、文科大学を卒業し、直ちに、大学院に入学する。二年間、「実践哲学中、教育に関する事項を研究する」こととなり、明治二十一年七月、研究を修了する。その二年間の成果を一論文を提出することとなっていた。真實としては、ドイツ留学も決まり、慌しい中、「定説確論あるを待ちて、然る後にこそと思考し、躊躇せしも、」恩師であり文科大学学長である外山正一の「懇諭」により、即日起稿したものであり、真實としては、不満足なものであると言う。
二つは、日本の教育現実を大切にしていることである。

「東京府下の諸公立小学校を巡回し、又栃木茨城両県下の諸学校を巡視し、実際上より得る所、殊に方今我邦に於て、教育上、最注意討究を要する事項に就きて、得る所甚多し。(3)」

前述した沢柳は、つぎのように語っている。

「氏の頭脳は明晰にして其議論を立つるや、深遠なる学理に基いて、又実際に事実に徴した。予の知人中文部省の年報を最も精密に読んだ人は氏の如きものはない。」(4)

沢柳によると、真實ほど、『文部省年報』を丹念に読んだ者はいないと言う。これは、真實自身、日本の教育の現実を踏まえ、日本の教育の将来を考えようとしていたことの証左であろう。

三つは、学生時代の教職経験である。彼は、その経験を、つぎのように語っている。

「余が、重なる授業上の経験は、右の一年間に非ずして、私立の学校に於てせし、五年半間の授業中にあり。この五年半間の授業は、余が、教育に関する事項を取り調べんとの念を固くし其学理を研究し、傍ら教育行政の事に関わらんとの志を発せしむるに至れり。欧米諸国と大概対等の地位を保つと雖、未だ之に陵駕する力なきは疑ふべからず。之に陵駕する力を養ふは、教育に由らずんばあるべからずとの感情を起し、然らば、国家は教育を如何して可なるか、如何に人民を誘導すべきか、如何に学校を設置すべきか等の自問を発し、又一方に於いては、純正哲学、社会学等の講義を聴くと益進み」(3)

彼の言によると、大学院生時代、文科大学の学生に、英語学の授業をした以外に、私立学校での五年半の教育実践が、教育問題を考える上で、大いに役立ったという。

彼は、この本を書くに当たって、彼の経験および日本の現実を重視したと述べているが、さらに、諸論において、つぎのようなことを強調している。(3)

一つは、教育実設の理論上の根基となる「教育の想念」を構築することである。これに基づいて、教育行政を行ない、教育課程を作成し、学校を設け、人民を誘導すべきであると言う。

二つは、教育に関する完全な知識を得るのには、第一に、教育史、第二に、比較教育（諸国教育仕組みの比較研究）、第三に、教育哲学を学ぶべきだと、主張する。前述したように、ドイツ留学前には、教育史と教育哲学が、教育研究において重要だと主張していたが、留学すると、以上の二つの外に、諸外国の教育の研究が重要だと言うのである。

三つは、教育は、種々の側面から論じられなければならないと、主張する。

四つは、教育哲学は三区分より成る。すなわち、教育の想念、教育の実設、そして帰結からなると言うのである。以上のことを前提としながら、真實は、教育を社会上との関係、国家上との関係、一個人との関係から、論じている。

先ず、教育は、「人が天然に有する所の能力を完全円満に開発するものなり」(5)と定義している。この定義自体、目新しいものではない。しかし、彼は、教育は、一個人だけの利益のためだけではなく、一家、さらに、一社会の利益にかかわるものであると、主張している。すなわち、教育は、社会の進歩にかかわるものなので、社会も教育に関渉すべきものであるとする。社会は、個人および家族の集合体であり、その家族での保育および教育の大部分は、「母たるものの務むべき所たるを以て、小学校に於て、一層女子の就学を督促し、後来母となるべきものをして、無学無識ならざらしむるは、第一策なり。」(6)とする。女子教育の重要性を説くのである。

学校設置については、つぎのように述べている。

「学校を設置するは、唯学校を設置するが為に、設置するにあらず。其精神たるや、全社会一般人民の幸福と、全社会の強健鞏固、改良進歩富強との基礎を立つるが為なるのみ」(7)

教育と国家との関係は、前述の教育と社会との関係を根拠とすべきであるとする。国家の第一義は、「一国民を統一し、之を安全鞏固にし、其統御する社会を改良し、之を進歩せしめ、以て完美の境界に近づかしむる方を施すべきものなり。」(8)と言う。そのため、国家は、教育のことについて干渉しなければならないと、主張する。と言うのは、教育は、社会をして安全鞏固にするための第一手段であるからである。そして、その教育には二つあると言う。一つは、普通教育であり、二つは、専門教育である。前者の普通教育においては、その教員養成が重要であると言う。普通教育とセットで、教員養成の重要性を説くのは、珍しいことではないが、真實は、つぎのように、記している。

「教師たるものの勢力は、之を総計する時は、実に、暗々裡に、一国を隆盛ならしむるに足るものなり。又一国を転覆するに足るものなり。師範学校は、是勢力ある教師を養成する所なり。されば一国家を維持する所以の原理を以て、之を養成せんことを要す。仏蘭西は、仏蘭西一国の主義ありて、共和政治的に之を養成すべし。普魯西は、普魯西一国の主義ありて、立憲君治的に之を養成すべし。日本も亦自ら日本一国の精神あり。之に依て、師範生徒、即ち未来の教師の気風精神を養はざるべからざるなり。されば中央の師範学校は勿論、各地方の師範学校と雖、其大体の組織規程の如きは、国家の管轄指揮を受けざるべからざるなり。」(9)

真實は、教員養成の重要性を説き、それは、国柄に応じて組織すべきだと主張する。(10)彼の詳細な教員養成論は、次節で検討するが、ここで注目すべきことは、「男女教師を養成すべきこと」と、女教員養成の必要性を説いた理由である。その一つは、小学校の女生徒（児童）は、女教師によって、女らしく、男子児は、男教師によって男らしくなるからだという。この考えは、ドイツ留学前と変らない。二つは、女教師は、男教師に比べると、経済的に安く雇用できるからだと言う。この考えは、第二次世界大戦終了前、ずーっとあった考えであり、女教師の給料は、男教師と比べると、赴任時から、格差があり、安かった。男女同一賃金になったのは戦後である。

第三章では、一個人の教育について論じているが、ドイツ留学前とかなり異なっている。一般に、教育において、それを知育、徳育、体育の三育に分け、そのうち、ややもすれば、体育を軽視しがちである。しかし、人間の歴史をみると、身体に関する教育を重視してきた。そのため、真實は、食物および空気のこと、運動、衣服、住居、睡眠等々のことを細々と論じている。これは、注目してよいであろう。[11]

勿論、真實は、知育、徳育、を軽視している訳ではない。体育は、身体上のことであるのに対し、知育と徳育は、精神上のことであり、両者は、相互に係わりのあるものであるという。体育を重視するとともに、教育学者が注目することの少ない「美育」に注目し、その重要性を説いている。これは、ドイツ留学によるものであろう。[12]

その他、前述したように、社会の生存について論じていることである。社会の生存において重要なことは、その一員である個人のつぎのような精神を養成することであると言う。その一つは、「実業を重ずるの気風を養ふこと」であると言う。[13]その根底には、忠君愛国の情があったのは、言うまでもない。すなわち、日本国の発展を考えた上のことであろう。

『日本教育論巻の下』では、上と異なって、「教育につきいろいろの考」を論じている訳であるが、それぞれのタイトルは、友人の沢柳政太郎が付けたという。それは、「はしがき」を含めて、十一項目からなる。その他、「附記」、「附録」を追加している。これらは、ドイツ留学中に書いたものであるためか、非常に、国粋主義的、国家主義的な色彩が濃いのである。

先ず、「良教員の事」の項においては、師範学校の重要性について述べ、学識があっても、教育学の知識なしには、師範学校および小学校の教師にすべきでないことを主張している。[14]「外国教員の事」の項においては、「高き給料与へて雇ひ居る大学の教師にてさへ、本国にては名さへなき人多く、中には学位を得て、ほやほやの人さへありと、いへり。よくでくれば、よきやうなものの、本国では、あれが日本唯一の帝国大学の教授か。さてさて、日本の大学は、つまらぬもの、と見ゆる。といふ声が、日本まで聞こえぬが仕合なり。教師となるべき人が、日本になくして、西洋人を雇わねばならぬ位ならば学士の中よりすぐれたるものを択びて、どしどし、留学せしむべし。成るべく速くに、外国人に代はる日本人を養成するが、肝要なり。[15]」と。高等中学校および大学の語学教師以外、外国人教師を雇うのは、浪費であると。

「国語教育の肝要なる事[16]」の項においては、国語教育は、国民の土台となり、愛国心を育てる上でも、重要であるというのである。しかも、国語教育において、「言文一致の事[17]」を主張するのであった。つづいて、「漢字并に仮名羅馬字の論[18]」を論じている。そこにおいては、「漢字が教育普及に害あることは、七、八年以前より、既に大いに議論の種となりをれり。」、真實は、漢字重視は、一つの極端論であり、他の一つの極端論は、「即ちろまじ説なり。余も、尚色々の考も行とどかず、哲学的のおもひばかりの足らざりし血気の時には、ろまじ説を賛成せしことありしが、だんだん思慮もつみ学問上の研究も進むに従ひその大に極端説なることを知れり。其中間にたちて、且、余の考にて、日本のために最よきは、仮名の説これなり。[19]」と言う。そこで、つづいて、「仮名のかきかた[20]」を研究することが重要であると言う。さらに、「国語教育の方法」「教授は自国の事を主とすべき論[21]」等を説く。

以上のように国語および国語教育の重要性を説いたのは、日本の国家富強を考えての上であるが、彼は、「国家真正の富強は教育に由る事[22]」を強調する。すなわち、普仏戦争で負けたプロシアが立ち直り、真實が留学していた一八九〇年頃は、ドイツは、ヨーロッパ諸国一の繁栄を誇っていた。その理由は何か。それは、「普通教育を盛にし、伯林に大学を起し、熱心に学事をすすめられしなり」と、教育の普及にあるとする。一八八九年の日独の普及状況を比べると、格段の差がある。例えば、大学校にしても、日本は一校に対し、ドイツは、二一校である。日本は、「教育を盛にし、知識をひろめ、徳情を篤くし、体力を鍛錬すること、実に急務なり。」と主張する。そして、「教育は実効を務むべきこと」[23]を強調する。すなわち、知育を重じ過ぎると、近視が増えるので、体育のことも考えるべきであるとする。その中でも、「兵武操練」を学校教育に取り入れることを提案している。その他、当時の実情に合う教育改革をすべきであると、述べている。附記では、「学問は尊重すべきこと」[24]との項の中で、「日本に最大なる助を与ふるものは学問なれば、厚く之を保護し、懇ろに之を助けて、長ぜしむること必要なり。」と、学問の重要性を説く。附録では、宮崎県出身の日高真實は、愛郷心に燃えて、「宮崎県下の諸君に望む」[25]を附している。これは、フィヒテの「ドイツ国民に告ぐ」を模したものであろう。

以上、『日本教育論』の内容を検討して来たが、この本が、日本教育史上、どのような意義があるのかが問題となる。

一つは、日高真實の教育論を彼なりにまとめた書物であることである。

二つは、ドイツに留学し、ドイツ教育学を学んだ上での教育論を展開した書物であることである。

三つは、教育研究法として、教育哲学および教育史研究ばかりでなく、比較教育を取り入れ、それを重視した書物であることである。

四つは、教育を個人との関係ばかりでなく、社会および国家との関係で論じていることである。すなわち、日本の社会および国家において、教育はどうあるべきか、特に、日本を富国強兵化するためには、ドイツと比較して論じた書物であることである。

五つは、富国強兵の一環として、国語学の確立および国語教育を論じていることである。

注
（1）日高真實著　『日本教育論』　雙々館　明治二十四年四月十七日　「日本教育論はしがき」
（2）同前書　沢柳政太郎序文
（3）同前書　一～五頁。
（4）沢柳政太郎著　『退耕録』丙午出版社　明治四十二年四月五日（再版）　二四六頁。
（5）前掲書　『日本教育論』　一七頁。
（6）同前書　二二頁。
（7）同前書　三〇～三一頁。
（8）同前書　四〇頁。
（9）同前書　五四～五五頁。
（10）同前書　五六頁。
（11）同前書　六六～七五頁。
（12）同前書　八四頁。
（13）同前書　七七頁。
（14）同前書　七～一〇頁。
（15）同前書　一〇～一三頁。
（16）同前書　一三～二〇頁。
（17）同前書　二〇～二七頁。
（18）同前書　二七～三三頁。
（19）同前書　三四～四二頁。
（20）同前書　四二～四七頁。
（21）同前書　四七～五三頁。

（22）同前書　五三〜六一頁。
（23）同前書　六一〜六九頁。
（24）同前書　七〇〜八一頁。
（25）同前書　一〜二九頁。

第三節　教員養成論

真實の二冊目の書物は、『教育に関する攻究』（金港堂・明治二十五年五月十三日）である。これは、二部からなる。第一は、「小学教育施設模範」、第二は、「教員の養成」である。第一の「小学教育施設模範」は、ドイツ人の「どくとる、まくす、わいげると氏、『仏蘭西に於る小学校及ひ実業教育』と題する小冊子を著して、此事に就ては、余輩は（仏蘭西人に対して）最早教え手にあらず、学ひ手たらざることを承認さぜるべからず」と、当時、制度的に、最も整備された、近年になって著しく進歩したフランスの教育制度についてドイツ語で書かれた小冊子を翻訳したものである。そして、（　）して、彼の注釈を加えているところもある。[1]

第二の「教員の養成」は、第一と比べると、頁数から見ると、[2]約半分で、九十六頁からなる。そして、最終頁に、「明治二十四年八月十九日しるし畢ぬ文学士　ひだか　まさね」と記しているのを見ると、ベルリン大学留学中に書かれたもので、これを脱稿すると、帰国の旅へと向かったのであろう。それはさて置き、注目すべきことは、つぎのような締め括りの文章である。

「今日の学制の大体は之を改むることなく、唯力めて内部の整頓を期し、前述の方案によりて、小学教員及高等教員の養成に尽力せば、今より三十年を出ずして、我日本が万国に向て赫々の光輝を発すること殆ど疑なし。希くは世の君子、著者の浅学、不敏なることを以て、此教育上の大問題そのものを軽視することなく、日本帝国教育の為に、心を用ゐ、力を尽して、初等、中等、高等の別なく、之を振起こし、我帝国強盛の基礎を固うすることを務めんことを。[3]」(傍点は筆者)

ここで注目すべきことは、傍点の部分である。すなわち、二十六歳の若者が日本の将来を考えて、教員養成の在り方を考えていることである。

真實の教員養成論とは何か。彼の教育養成論の根底には、つぎのような考え方があった。

「学校は、一人一個を生殺するに止まらず。又一国の精神の渕源なればなり。学校は一国の安危に関すればなり。而して学校の価直《ママ》は、教員の価直《ママ》と正比例をなす。これ所謂文明諸国が、価直《ママ》ある教員の養成に、深く心を用うる所以なり。[4]」

このような考えの下に、「今日教育上なすべき事実多しといへども、中学校、小学校教員の養成より急なるものあらず」と、切言している。

小学校において、師範学校を卒業した正教員が不足しているのが問題であるとする。小学校教員になろうと志す者が少ないのは、つぎのような理由からであるとする。

「『人間の職業中、教師たるより高尚なるはなし。』而して人のこれを欲せざるは、その故なくばあらず。教員たるものが其職任の高尚なるに比して、社会の尊重を受くることの少きこと、他の有給の国家官吏に比して、給料割合に少く昇等の望少きこと等、皆その原因たるものなり。有功なる学校教員には、位をも授くべし。勲章をも授くべし。其他各種の名誉の章をも授くべし。とにかく社会をして、教員を尊重するの念を起こさしむるの工風《(ママ)》を怠るべからず。[5]」

真實によると、小学校教員の給料を上げ勲章を授与したり、社会的地位を上げることによって小学校教員の職業を魅力あるものにすると、小学校教員志望が増えると言うのである。

しかし、小学校教員であると言って尊重されるのではなく、「その人物、学識及び教育、授業の術に於て、尊重をうくるに堪たる価値を有せしめざるべからず。[6]」と言う。そのような人物をつくるのが、師範学校の務めであると。

その後、師範学校論に入る。先ず、師範学校教育において重要なことは、その校長および教員の選考であるとする。彼等は、「その人物、学識及教育授業の術に於て、小学教員の模範たらざるべからず。[7]」と。優秀な教員の確保が、師範学校でもあると言う。小学校教員を養成する尋常師範学校の教員の一月の平均給料が、明治二十二（一八八九）年当時、凡二五円では、人材が集まらないと、真實は切言する。

師範学校において、つぎに問題としているのは、高等小学校と尋常師範学校とのつながりがないことである。すなわち、尋常師範学校の入学年齢を十七年以上二十年以下とし、その学力を十四歳で卒業する高等小学校卒としているため、スムーズに卒業しても、尋常師範学校の受験資格を得るには、三ヶ年間かかるのである。真實は、高等小学校を卒業してから尋常師範学校受験資格を得るまでの三ヶ年間を問題とするのである。この指摘は、妥当なものであろう。

この三年間の空白を、どうするかを、プロイセン、フランス、オーストリア、ザクセン諸国等の師範学校のカリキュラム等を検討し、比較して、わが国の尋常師範学校制度は、つぎのようにあるべきだと提案する。(8) 尋常師範学校を充実させる方法もあるけれども、「権宜の策」として、尋常中学校と尋常師範学校を連携する案である。彼の尋常中学校と尋常師範学校との連携案は、つぎの通りである。

「中学校は尚今日の如く、年齢十二歳以上にし高等小学校第二年の課程を了りたる学力のものを入学せしむ。又尋常中学校の課程は、今日の如く五ヶ年とし、第三学年までは中学生徒師範生徒共に同一の課程をふましむ。第四学年の始に至りて生徒の望により、或は中学科をふみ、或は師範科をふましむ。師範科をふむものは総て給費とし、卒業後十ヶ年間教員の職を奉するの義務を負はしむる等、総て今日の制によるべし。師範生徒は中学科生徒と共に、第五年の課程を畢りたる後、尚二ヶ年間学業を修めしめ、其後一年間、模範小学校に於て、熟練せる教員の監督をうけ実地授業演習をなさしむべし。(9)」

以上の方針の下に、真實は、表（Ⅵ－①）のような学科課程を作成した。この学科課程表の特徴は何か。筆者は、つぎのように考える。

一つは、国語を重視していることである。これは、当時の尋常師範学校の学科課程表の最大の欠点として、真實は、「男子にありて最多数の時を費すものは体操（二十一）にして、第二は英語（十三半）とす。而して国語に費す時（四）の如きは、最小数といふも不可なし。国語は実に普通教育の神髄たるものなり。余は深く我邦教育者が国語を疎外することをなげく。(10)」と、別の個所で述べているごとく、国語教育の軽視を嘆いている。真實は、日本人であれば、愛国心を育てる意味でも、国語教育を重視すべきであると、主張している。

表（VI－①）日高真實の「尋常中学校・尋常師範学校学科課程（案）」

	第一年	第二年	第三年	第四年	第五年	第六年	第七年	第八年	師範科総計	中学科総計
倫理及国民義務	一	一	一	一	三	二	一	実地授業演習	一〇	七
国語国文学	四	四	四	四	四	四	四		二八	二〇
漢文	三	三	三	（二）	（二）				九	一三
英仏若くは独語	五	五	五	三（二）	三	二	二		二五	二三
地理	二	二	二			二			八	六
歴史	一	一	二	二	二		二		一〇	八
数学	四	四	四	四	三	三	三		二五	一九
博物生理衛生	二	二	二	二		二			一〇	八
理化				三	三		二		八	六
教育						六	六		一二	
農工				〔四〕	〔四〕	四	四		一六	
習字	二	二	二	〔二〕	〔二〕				一〇	六
日本美術史大要					一				一	一
図画	二	二	二	二	二	二	二		一四	一〇
唱歌	二	二	二	二	二	二	二		一四	一〇
体操	三	三	三	五	五	四	四		二七	一九
簿記							一		一	
音楽				〔一〕	〔一〕	一	一		四	
心理論理					（三）					三
師範科総計	三一	三一	三二	三五	三五	三四	三四			

中学科総計	三一	三一	三二	三二	三三

右の表は、男子尋常中学校及男子尋常師範学校に適用するものとす。但し〔　〕を付したるは師範生徒のみに課し、（　）を付したるは中学生徒のみに課す。

二つは、体操の時間数が、相変わらず、多いことである。

三つは、外国語の時間数が多く、その外国語も英語だけでなく、仏語、独語も選択できることにしていることである。

四つは、習字、図画、音楽等の技能教科時間数が多く、しかも、「日本美術史大要」の教科を加えている。これは、真實が、美育を重視していたからであろう。

五つは、教育実習の時間が、現行の尋常師範学校課程によると、半年間であったのを、一年間に延長されていることである。

小学校において、女教師が必要なことを言うまでもない。その養成について、フランス女子尋常師範学校課程表、ザクセン王国女子師範学校課程表等を参考にしながら、真實は「我邦に於ては既に設ある高等女学校、并に以後設立すべき高等女学校と、女子尋常師範学校とを并せおき、生徒をして左の如き課程をふましめん。(11)」と、表（Ⅵ－②）の学科課程表を提案している。この学科課程表の特徴は、つぎの通りである。

一つは、年齢十二歳以上で高等小学校二年以上の課程を了りた学力を有する者を入学させ、第四年になって、希望により、普通の女学科に進む者、師範学科に進む者に分け、師範学科に進む者は、給費制とし、その代り一定の年限間、教員の職に従事するという奉事年限があった。

表（VI－②）日高真實の『高等女学校・尋常師範学校学科課程（案）』

<table>
<tr><th></th><th>第一年</th><th>第二年</th><th>第三年</th><th>第四年</th><th>第五年</th><th>第六年</th><th>第七年</th><th>師範科総計</th><th>高等女学科総計</th></tr>
<tr><td>倫理及国民義務</td><td>一</td><td>一</td><td>一</td><td>二</td><td>二</td><td>一</td><td rowspan="22">実地授業演習</td><td>八</td><td>七</td></tr>
<tr><td>国語国文学</td><td>五</td><td>五</td><td>四</td><td>四</td><td>三</td><td>二</td><td>二三</td><td>二一</td></tr>
<tr><td>漢文</td><td>二</td><td>三</td><td></td><td></td><td></td><td></td><td>五</td><td>五</td></tr>
<tr><td>英仏若くは独語</td><td></td><td></td><td>六</td><td>五（一）</td><td>五（一）</td><td>二</td><td>一八</td><td>一八</td></tr>
<tr><td>日本歴史</td><td></td><td>三</td><td>二</td><td></td><td></td><td rowspan="2">二</td><td rowspan="2">一〇</td><td>五</td></tr>
<tr><td>日本地理</td><td>二</td><td>一</td><td></td><td></td><td></td><td>三</td></tr>
<tr><td>万国史</td><td></td><td></td><td>三</td><td></td><td></td><td rowspan="3">二</td><td rowspan="3">一〇</td><td>三</td></tr>
<tr><td>万国地理</td><td></td><td>二</td><td>一</td><td></td><td></td><td>三</td></tr>
<tr><td>地文学</td><td></td><td></td><td></td><td></td><td>二</td><td>二</td></tr>
<tr><td>算術</td><td>三</td><td>三</td><td>二</td><td></td><td></td><td rowspan="4">三</td><td rowspan="4">一〇</td><td>八</td></tr>
<tr><td>代数</td><td></td><td></td><td></td><td>二</td><td></td><td>二</td></tr>
<tr><td>幾何</td><td>一</td><td>一</td><td>一</td><td>一</td><td></td><td>四</td></tr>
<tr><td>簿記</td><td></td><td></td><td></td><td></td><td>一</td><td>一</td></tr>
<tr><td>博物</td><td>三</td><td>二</td><td></td><td></td><td></td><td>二</td><td>七</td><td>五</td></tr>
<tr><td>理化</td><td></td><td></td><td></td><td>三</td><td>二</td><td>二</td><td>七</td><td>五</td></tr>
<tr><td>生理衛生</td><td></td><td></td><td></td><td>二</td><td></td><td></td><td>二</td><td>二</td></tr>
<tr><td>心理教育</td><td></td><td></td><td></td><td></td><td>三</td><td>七</td><td>一〇</td><td>三</td></tr>
<tr><td>習字</td><td>三</td><td>二</td><td>二</td><td>〔二〕</td><td>〔一〕</td><td></td><td>一〇</td><td>七</td></tr>
<tr><td>日本美術史大要</td><td></td><td></td><td></td><td></td><td>一</td><td></td><td>一</td><td>一</td></tr>
<tr><td>図画</td><td>一</td><td>一</td><td>二</td><td>二</td><td>二</td><td>二</td><td>一〇</td><td>八</td></tr>
<tr><td>音楽唱歌</td><td>二</td><td>二</td><td>二</td><td>二</td><td>二</td><td>二</td><td>一二</td><td>一〇</td></tr>
<tr><td>家事</td><td>二</td><td>二</td><td>二</td><td>三（一）</td><td>四</td><td>二</td><td>一五</td><td>一四</td></tr>
</table>

体操	三	三	三	三	三	三		一八	一五
師範科総計	二八	三一	三一	三一	三一	三二			
高等女学科総計	二八	三一	三一	三一	三一				

（　）は普通女学科生徒のみに課し、〔　〕は師範科生徒のみに課す第四年、第五年に於て、国語、国文学に各一時間を減じ、外国語に一時間づゝを加ふるも可ならん。

注　表（Ⅵ－①）の資料（四〇～四二頁）による。

二つは、教科の中で、国語国文学の時間数が一番多いことである。

三つは、外国語の時間数が多く、その外国語も英語だけでなく、仏語、独語も選択できることである。

四つは、女子は、家事の教科があるため、男子と比べると、体操の時間数が少ないことである。

五つは、習字、図画、音楽等の技能教科時間数が多く、しかも、「日本美術史大要」の教科が加えられている。

六つは、女子においては、「心理教育」の教科が加えられ、その時間数が多いことである。

七つは、男子と同じく、実地授業演習のため、最後の年の一年間を費していることである。

以上の尋常師範学校には、生徒の実地授業演習の用に供するため、模範となるべき高等尋常小学校を、さらに、女子師範学校には、模範となるべき幼稚園を附設することを提案している。

この提案によると、高等小学校を卒業してからの尋常師範学校入学資格を得るまでの三年間を埋めるもので、男子は満二十歳で、女子は満十九歳で卒業できる。これは、ヨーロッパの諸国でも、ほぼ同じであるという。学科課程に関連して、真實が、つぎのように述べているのは注目される。


「教育学に関する書は、独乙語に於て最富めるが故に、師範生徒の為のみを謀るときは、独乙語を修めしむるを以て最適当とす。且外国語授業を以て、主として智力、判断力、鍛錬を目的とする時は、英仏独の三語の中については、独語を以て最適当なりとす。[12]」

教育学を学ぶには、外国語の中で、独語を選択するのがよいと言うのである。

つぎに、真實は、中学校および尋常師範学校の教員養成のことを説く。日本は、ヨーロッパ諸国に比べると、中等教育を受ける者は、一八九〇年頃、十分の一以下である。日本の発展を考えるには、中等教育の発展なしには考えられないとし、中等教員の養成に力を入れるべきだとする。

彼は、「余は今日我邦の尋常師範学校教員の不完全、不十分、不足なるは深く信じて疑わず。然れども、今日の中学校教員の不完全、不十分不足なることも亦余が深く信じて疑はざる所なり。[13]」と。

それでは、どのような中等教員養成制度をとるべきか。彼は、高等師範学校をもって尋常師範学校教員および中学校教員を養成する地となさんことをすべきであるとする。高等中学校教員のうちから、成績優等なるものを選抜して、これを任ずるの制を設けるべきと主張する。

真實の高等師範学校案の大体は、つぎのようであると言う。

「高等師範学校に入らんと欲するものは、尋常中学科を卒業したるものをとり、高等中学科をふましめ、其後三年間高等師範学校に於て、文科、理化学科、若くは博物学科を修めしめ、卒業の後一年間は見習として担当の中学校に於て授業せしめ、其成績如何によりて、之を本教員に任用するにあり。高等師範学校に入学せんと欲するものは、高等中学科履修の時より、其費用を給し、その代り卒業後一定の年限間、教員の職に従事せんことを誓はしむべし。高等中学科に於ては、教育家の必ず修むべき哲学諸科の大要と、知識を博するの道具、媒介たる語学、其他教育中心たる倫理及国民義務并に国語、国文学等を修めしむべし。よりて各高等中学校に師範学部を設け、生徒に凡左の如き課程をふましむべし。[14]」

高等中学科課程の師範学部の学科課程は、表（VI－③）の通りである。

高等中学科課程は、二年課程であるが、日高真實の案は、より上級の高等師範学校の進学を考えてか、当時の高等中学校の学科課程とかなり異なる。それは、つぎの点である。

一つは、二年課程であるのは変わらないけれども、教科の科目およびその時数は異なる。例えば、倫理および国民義務の教科を設けたり、国語、国文学の時数を増加したりしている。

二つは、外国語の時数、特に第二外国語、独語を重視していることである。

三つは、「高等中学科に於て教授する哲学諸科（筆者注、哲学史、心理学、論理学及心理学、倫理学及美学）は、他日教育に関する教科研究の基礎をなすものなれば、講義の間、教育に関する理論を交へ、教育学の講究には、哲学諸科を修めざるべからざることを了知せしめ、哲学研究の念を喚起すべし。[15]」という。

表（VI－③）日高真實の高等中学科課程（案）

	第一年	第二年	総計
倫理及国民義務	二	二	四
国語、国文学	四	四	八
第一外国語×	三	三	六
第二外国語×	八	六	一四

哲学史		三	三
心理学	三		三
論理学及心理学		二	二
倫理学及美学		二	二
数学	三	三	六
生理、衛生	二		二
図画	二	二	四
音楽、唱歌	二	二	四
体操	四	四	八
総計	三三	三三	

（心理学・論理学及心理学の計：五、哲学史から倫理学及美学までの計：一〇）

×第一外国語とは尋常中学校にて修めたる語を示し、第二外国語とは、英、仏、独語のうち、尋常中学校にて修めざりし外国語一種を示す。但し第一外国語が独乙語ならざる場合には第二外国語は必ず独乙語とす

注　表（VI－①）の資料（七一～七二頁）による。

高等中学科課程を修了すると、高等師範学校へ進む。フランスでは、高等師範学校の課程を、日本と同じく、三ヶ年とし、それを文学科、理学科の二部に分けているのに対し、その二部を、文学科、理化学科、博物学科の三部に分ける。それぞれの課程の案を、真實は、つぎのように提案している。

表（VI－④）日高真實の高等師範学校文学科課程案

	第一年	第二年	第三年	総計
国民義務			二	二

国語、国文学	四	四	三	一一
漢学	三	三	二	八
第一外国語	三	三	二	八
第二外国語	八	五	五	一八
教育史		三		三（教育史・教育学・教授法各論・教育法令 計九）
教育学			三	三
教授法各論			二	二
教育法令			一	一
地理地文	三	二		六
歴史	二	四	五	一一
心理学 論理学	三			三
美学及日本美術史				
社会学、理財学		二		二
音楽	二	二	二	六
体操	四	四	四	一二
簿記			一	一
総計	三二	三二	三二	

注　（Ⅵ－①）の資料（七四～七五頁）による。

表（Ⅵ－⑤）日高真實の高等師範学校理化学科課程案

	第一年	第二年	第三年	総計
第一外国語	二	二	二	六
第二外国語	五	四	三	一二

教育史		三		三
教育学			三	三
教授法各論			二	二
教育法令			一	一
数学	五	三	三	一一
物理学及星学	七	三	二	一二
化学		六	四	一〇
手工	三	三	三	九
図画（主として用器図画）	三	三	三	九
音楽	二	二	二	六
体操	三	三	三	九
簿記			一	一
総計	三〇	三一	三三	

注　表（Ⅵ－①）の資料（七六～七七頁）による。

当時の高等師範学校の学科課程と大きく異なる点は、つぎの点である。

一つは、外国語は、これまで英語だけであったのを、第一外国語と第二外国語に分け、第二外国語の時間数を多くしていることである。

二つは、教育学に関する教科が教育学だけであったのを、教育史、教育学、教授法各論、教育法令の教科に分け、教授されていることである。

表（VI－⑥）日高真實の高等師範学校博物学科課程案

	第一年	第二年	第三年	総計
第一外国語	二	二	二	六
第二外国語	五	四	三	九
教育史		三		三
教育学			三	三
教授法各論			二	二
教育法令			一	一
（教育史〜教育法令 計）				九
化学（主として有機化学）	三	二		五
地質学金石学	四	一		五
植物学	六	三	一	一〇
動物学		六	四	一〇
生理衛生（学校衛生）			四	四
農業	三	三	三	九
図画（主として自在図画）	三	三	三	九
音楽	二	二	二	六
体操	三	三	三	九
簿記			一	一
総計	三一	三二	三三	

注　表（VI－①）の資料（七七〜七九頁）による。

三つは、体操の時間数ばかりでなく、音楽の時間数が、週二時間と多いのが注目される。

女子の中等学校教員は、高等師範学校で養成すべきであるが、現行では、「女子の科に於ては科を分たず。各生徒同一の課程を履むこととなりをり。」[16]これでは、「高等教員たるに必要なる学識の深さに於て、不満足を生ずるは数の免かれざる所なり。[16]」との考えの下に、課程を文学科と理学科とに分けることを提案する。そして、「生徒には高等女学校卒業のものを取り、全課程を四ヶ年とし、第一年に於ては、男科の高等師範学科と相類する高等中学科様のものを履ましめ、後の三年間に於て、文学科若くは理学科を修めしむるを以て得策と思考す。」[17]と。そして、表（VI－⑦）のような提案をしている。

表（VI－⑦）日高真實の高等師範学校女子師範学科課程案

	第一年	文学科 第二年	文学科 第三年	文学科 第四年	理学科 第二年	理学科 第三年	理学科 第四年	文学科総計	理学科総計
倫理及国民義務	二	一	一	二	一	一	二	六	六
国語及国文学	三	三	三	三				一二	三
第一外国語	三	二	二	二	二	二	二	九	九
第二外国語	六	六	五	五	五	三	三	二二	一七
漢学		二	三	二				七	
心理学論理学	三	二						五	三
倫理学審美学									
数学	三				二	二	二	三	九
教育史		二			二			二	二
教育学			二			二		二	二
教授法各論				二			二	二	二
教育法令				一			一	二 }七	一 }七
地理地文		二	二					四	
歴史		二	四	四				一〇	
生理学衛生学	二				三			二	五

物理学星学						四	三		七
化学					四	二			六
植物学					二	四			六
動物学						二	四		六
地質金石学							三		三
家事	二	二	二	二	二	一		八	五
図画	二				三	三	三	二	一一
音楽、唱歌	二	二	二	二	二	二	二	八	八
簿記				一			一	一	一
体操	三	三	三	三	三	三	三	一二	一二
習字		二	二	二				六	
総計	三一	三一	三一	三一	三一	三一	三一		

注　表（Ⅵ－①）の資料（八四～八六頁）による。

この学科課程表の現行のそれと、大きく異なる点は、つぎの点である。

一つは、男子と同じく、外国語は、これまで英語だけであったのを、第一外国語と第二外国語に分け、第二外国語に時間数を配当していることである。

二つは、教育学に関する教科が、教育学だけでなく、教育史、教授法各論、教育法令に分けられていることである。そして、教授において、「教育史に於ては、一般の教育史を講ずるの傍、女子教育の沿革に注意せんことを要す。教授法各論に於ては、男子科、女子科共、文科にありては、文科に属する各教科、理化学科、博物学科にありては、理化学科、博物学科に属する各教科の教授法に殊に心を用うべきものとす。[18]」と。

卒業すると、一年間は、ある高等女学校において授業をさせ、その成績によって、採用するかどうかが決まるのである。そして、「教員に貴ぶ所は過半は授業の術にあり。[18]」と、実地授業を重視している。

以上は、日高真實のドイツ留学時代の教員養成論であるが、筆者の管見によれば、教員養成論を、当時、これほど、体系的に述べた論文はないであろう。彼は、帰国すると、高等師範学校と帝国大学で教育学を担当することになる。高等師範学校の改革で、彼の考え方が、どのように生かされたか、つぎの検討課題としたい。[19]

注（1）日高真實著『教育に関する攻究』　金港堂　明治二十五年五月十三日　緒言　三頁。

（2）「第二　教員の養成」同前書

真實は、帰国後、哲学会で、「師範学校について」という題目で講演している。その講演が、『哲学会雑誌』（六十四号、六十五号、六十八号、七十号）に掲載されている。その内容と、殆ど同じである。

（3）同前　九五頁。

（4）同前　二頁。

（5）同前　八～九頁。

（6）同前　一〇頁。

（7）同前　一一頁。

（8）同前　一三～二二頁。

（9）同前　三二～三三頁。

（10）同前　二五頁。

（11）同前　四〇頁。

（12）同前　四四～四五頁。

（13）同前　六五頁。

（14）同前　七〇～七一頁。

(15) 同前　七三頁。
(16) 同前　八三頁。
(17) 同前　八三〜八四頁。
(18) 同前　八七頁。
(19) 『創立六十年』(東京文理科大学・東京高等師範学校　昭和六年十月三十日　四五頁) によると学科課程表 (明治二十五年七月の改正、明治二十六年四月より実施) は、前規程と比べると、学科目はつぎの点が異なるという。
「一、倫理学を修身と改め、諸学科の首位に置けること
一、国語漢文を理化学科、博物学科に加へたること
一、哲学を理化学科、博物学科にも加へたること
一、三分科共に法制の科を加へたること
一、理化学科に於いて特に簿記を一科とせること」
これを見ると、日高真實の影響が窺えるが、外国語として英語ばかりでなく、文学科において独語も課せられている点が注目される。その学科課程表は、本書の一二一〜一二二頁に掲載。

おわりに

真實の人間形成において先ず、重要なのは生まれ育った地域（真實の場合は、高鍋藩である）。つづいて、祖父日高明實、父日高誠實と、儒者の家に育ち、幼い頃、祖母蔦子に漢学を学んだこと。三つは、幕末に生まれ、近代日本国家が発足し、成立する明治時代に成長したことである。四つは、上京して学んだ同人社、東京英語学校、東京大学予備門、東京大学、帝国大学時代の教師および友人たちである。そして、最後に、ドイツへの留学である。

それらを前提としながら、真實の人間形成、教育学形成の過程を考察してみよう。

真實は、一八八二（明治十五）年九月、東京大学文学部哲学科に入学する。文学部は、当時哲学科、政法理財学科、和漢文学科の三学科と、古典講習科甲部と同乙部からなる。一般的に考えると、代々、漢学系統の家系に生まれたので、和漢文学科に進むと考えがちであるが、哲学科へ進学したのである。しかも、東洋哲学でなく、西洋哲学を専攻する。

入学して約一年半後に、「儒教と東洋開化との関係を論ず」という一連の論文を発表している。真實によると、儒教が東洋の学問の発達を阻害していると、断じている。

つづいて、真實の卒業論文と言われる「教育哲学ハ実践哲学中ノ要地ニ措クベキヲ論ズ」（『哲学会雑誌』）という題目で、五回に亘って連載している。この論文は、帝国大学の卒業直後ということもあって、やや粗雑であるけれども、真實の教育学形成を知る上で重要である。

先ず注目すべきことは、「教育哲学」という語句を、日本で最初に使用した論文であることである。論文の中で、真實自身が、「教育哲学」という語句は、論文執筆中の一、二カ月前から使用されはじめたという。因に、明治十九年十二月発行の『東京大学年報』の中に、「教育哲学」の語句が窺える。

ついで注目すべきことは、教育哲学は、「実践哲学」の中に置くべきだと主張する。理論的でなく、「実践を考究の対象として実践の指針を与える哲学」、すなわち、教育哲学は、実践哲学であるべきであると言う。

真實は、この論文を大きく、三篇に分ける。第一篇では、「性質ヲ論ス」と題し、社会と教育、国家と教育、個人と教育との関係を論じている。一般に、真實は、社会的教育学の祖と言われているけれども、日本の国家富強のためには、教育は、基本的に、どうあるべきと考えた人物である。第二篇では、性差の教育を主張し、発達段階に応じた教育、そして、普通教育と専門教育との関わりを論ずる。第三篇の帰結篇では、人間の現実(弱み)から出発し、教育の理想へ向って教育し、そして、教育の理想と現実を近づけることを説く。

この論文は、稚拙であるけれども、教育学を体系化しようとする意気込みが窺える。

真實の最初の著書である『日本教育論』は、義兄弟である沢柳政太郎の尽力によって出版されたものである。そして、前掲の論文と異なり、ベルリン大学留学中に、基本的に書かれたものであることに注目すべきである。つづいて、日本の教育現実と真實の約五年間の教職経験に基づいた論であることである。

さらに、ドイツ留学前と異なり、教育学研究において、第一に、教育史、第二に、比較教育(諸国教育仕組みの比較研究)、第三に、教育哲学を学ぶべきであると主張する。留学前は、教育史と教育哲学が、教育学研究において重要であると主張していた。しかし、留学すると、比較教育研究の必要性を説く。まさに、日本の比較教育学の祖とも言えるであろう。

これらを前提としながら、真實は、教育を、社会上との関係、国家上との関係、一個人との関係で論じている。それは、基本的には、国家富強のためのものである。が、教員養成を重視、体育と美育を重視しているのが注目される。

彼の第二冊目の著書は、ドイツ留学中に書かれた『教育に関する攻究』である。前述したように、この著書の内容は、二つに大別される。第一は、「小学教育施設模範」であり、第二は、「教員の養成」である。前者は、ドイツ語で書かれた『仏蘭西に於る小学校及び実業教育』という小冊子を翻訳し、ところどころ、彼の注釈を加えたものである。後者は、ドイツ留学中に得たヨーロッパ諸国の教員養成の知識を活用し、当時の日本の教員養成の問題点を指摘し、将来の日本の教員養成の在り方を提案している。正しく、比較教育の祖とも言うべきであろう。

当時の日本の教員養成で問題なのは、高等小学校を卒業しても、尋常師範学校に入学出来るまで、三年間の空白があることである。これが一番の問題と、真實は指摘する。彼は、尋常師範学校と尋常中学校との連携を、比較教育の立場から提案する。すなわち、尋常師範学校生徒と尋常中学校生徒とは、第三学年までは、同じ課程で学び、第四学年になると、師範科に進む者には、全員給費を与え、基本的に、第五年までは、尋常師範学校生徒と尋常中学校生徒とは、ほぼ同じ課程で学ばしむるのである。師範生徒は、さらに、二年間、教育等の教科を学ばせ、その後、一年間、模範小学校で、実地授業演習を行うのである。卒業すると、一〇年間、小学校教員となる奉事義務を課する。この提案は、尋常師範学校と尋常中学校との連携に大きな特徴があるのは言うまでもないが、勿論、前述したように、当時の尋常師範学校の学科課程表と異なるのは言うまでもない。

女子小学校教員養成においても、比較教育の立場から提案する。女子尋常師範学校と高等女学校との連携案である。第四年生になって、普通の女学科に進む者と師範学科に進む者に分け、師範学科に進む者は給費生とし、卒業すると一定の年限、奉事年限を加する案である。この案は、女子尋常師範学校生徒と高等女学校生徒は基本的に、ほぼ同じ課程で学び、第六学年になると、師範生徒は、心理教育等の学科を学び、最終の第七学年においては、実地授業演習を行うのである。そのため、女子尋常師範には、附属小学校ばかりでなく、附属幼稚園の設置を提案している。当時の女子尋常師範学科課程との相異は、前述した通りである。

ところで、真實が、「教育学に関する書は独乙語に於て最富める」と言っているのは重要である。それ故、師範生徒は、ドイツ語を学ぶべきだと言う。戦前の日本の教育学は、ドイツの教育学の影響が強いと言われているが、そのルーツは、真實の言にあるのであろうか。

真實は、中等教員養成についても、提案している。当時、高等師範学校廃止説が帝国議会で論議されていた。手元に、『高等師範学校ニ関スル論議』(明治二十五年)という文部省卦紙に、毛筆で書かれたものがある。これは、「本冊ハ第二期帝国議会開会中ニ於ケリ」とあるように、当時の有力な雑誌、新聞等に掲載された論説十二からなる。これから判断しても、高等師範学校廃止の論議が活発であったのが分かるであろう。

真實の高等師範学校案の概要は、つぎの通りである。高等師範学校は、尋常中学校卒業生をとり、給費を支給して、高等中学科をふましめ、その後、三年間、文科、理化学科、若しくは、博物学科を修めしめる。その後、一年間、見習として、担当の中学校で実地授業をさせ、その成績によって、本採用を決め、採用されると、一定の年限、教職従事する義務があった。ここで注目すべきことは、高等中学校で、「第一外国語が独乙語ならざる場合には第二外国語は必ず独乙語とす」という但し書きである。すなわち、独乙語を必ず学ばなければならないとしていることである。

高等中学科課程を修了すると、高等師範学校へと進む訳であるが、フランスでは、修業年限三カ年で、文学科、理学科の二部に分けていたのに対し、真實は、修業年限は三カ年と同じであるにしても、文学科、理化学科、博物学科の三部に分けることを提案する。この三部の分け方は、当時の日本の分け方と同じであるけれども、真實の提案は、カリキュラム内容において大いに異なる。それは、前述した通りであるが、その主な点は、つぎの通りである。一つは、外国語を二カ国語とし、第二外国語の時間を多くしていることである。当時、英語を第一外国語としていたので、第二外国語とする独語の時間を多くしていることである。二つは、教職関係教科を、教育学ばかりでなく、教育史、教授法各論、教育法令の教科を設け、その時数が多いことである。三つは、体操の時間が多いことも注目してよいであろう。

女子の中等学校教員養成については、真實は、高等女学校卒業の者を入学させ、修業年限を四カ年とし、第一学年においては、男子高等師範学科と同じような高等中学科のようなものを教え、第二学年以降は、文学科、理学科に分け、専門性を高めようとするカリキュラムを提案している。そのカリキュラムの主な特徴は、つぎの点である。一つは、外国語を、第一と第二とに分け、第二外国語を重視していることである。二つは、教職科目を、教育史、教育学、教授法各論、教育法令とし、それらの時間数が多いことである。三つは、体操の時間数が多いことである。

その外、真實の提案において注目すべきことは、男子においても、女子においても、尋常師範学校→高等師範学校という図式でなく、男子においては、尋常中学校→高等中学校→高等師範学校、女子においては、高等女学校→高等師範学校という図式を提案している点である。これは、広い視野を持った、深い学識を有した中等教員養成を考えた上での提案であろう。

真實は、当時の日本の教育の現実を見据え、欧米の教育状況を踏まえ、日本の将来を考えての提案をしたのであった。教育哲学、教育史、比較教育の知識を基に日本の現実を見据えた上での教育学を形成しようとした日本の教育学の祖であった。ただ、惜しむらくは、三十歳にならない若さで、夭折したことである。

附録　『日高文庫』について

一八九四（明治二十七）年八月二十日、日高真實が亡くなると、翌九月には、「日高文庫設立」の議が起こる。筑波大学附属図書館に、毛筆で書かれた『日高文庫設立顛末』がある。そして、十月には、「日高文庫設立につき広告」が、『大日本教育会雑誌』（第一五六号　明治二十七年十月十五日　五〜六頁）に掲載される。

この二つの資料を中心に、「日高文庫」設立経緯等について検討してみよう。

彼の蔵書は、「独英仏の書を蔵する頗る富む今之を検するに教育類三百三種文学類二百二十三種哲学類百三十六種雑類九十三種　総計千二百三十四冊を得たり」という。その多くは、留学中に購求したもので、当時の価格にすると、千余円になると。当時、小学校の正教員の給料が月十円ぐらいであったので、現在の金に換算すると、数千万円となるであろう。しかし、借金して買ったものも多く、それを完済することなく、一年半余、病床に伏すこととなった。その経費も、かなりかかり、残された遺族の心を慮り、義捐金を募ることとし、真實の蔵書を高等師範学校に寄付し、日高文庫として後世に残そうと、義捐金を募った。発起人は、三二名で、錚々たる人物であった。

それに応じた者、四四七名、その清算書は、つぎの通りである。

「　清算書

一　金八百円也　　　　　　日高文庫設立に付別紙人名表の人より義捐

支　出

一　金拾円拾四銭　　日高文庫目録印刷費
一　金六円弐銭　　印　刷
一　金弐拾七円四拾八銭　郵便印紙及はがき代
一　金六拾銭　　人力車代
一　金四円九拾銭　写真費　故文学士写真額一面
高等師範学校へ寄付
一　金弐円四銭　紙　類　文庫目録調製
報酬
一　金三円　報酬
小計金六拾円八銭
一　金七百三拾九円八拾弐銭　故日高文学士
遺族への贈与
合　計　金八百円也」

清算書を見ると、「人力車代」という支出項目は、時代を偲ばせるが、『日高文庫』は、現在も、筑波大学附属図書館に受け継がれている。

年譜

年代	年齢	事項
一八六四年(元治元) 九・十七	0	宮崎県高鍋町生。高鍋藩士日高誠實の長子。
	3〜4	祖母(荒川蔦子、歌人)より、習字、漢字、和歌の教育を受ける。
一八七四年(明治七)	11	上京。同人社分校で学ぶ。
一八七五年(明治八) 十一	11	東京英語学校進学。
一八七七年(明治十)	13	東京英語学校が東京大学予備門と改称、予備門生徒となる。
一八八二年(明治十五) 九	18	東京大学文学部哲学科入学。外山正一らより教授をうける。
一八八四年(明治十七)	20	論文「儒教と東洋開化との関係を論ず」発表。
一八八六年(明治十九) 七・十	22	帝国大学を卒業し、大学院へ進学。研究テーマ「教育学」。
一八八七年(明治二十) 九・十四	23	大学院退学。
九・十六		文科大学英語学講師就任。(翌年七月五日解任)
一八八八年(明治二十一) 七・三	23	ドイツ留学を命ぜられる。
七・八		七・七に東京を出発し、翌日の八日横浜を出港。
十二・十		ドイツベルリン大学へ登録。ベルリンにてパウルゼンに師事。
一八九一年(明治二十四) 四・十七	26	『日本教育論』(雙々館)を出版。
十・八		ドイツベルリン大学除籍。
一八九二年(明治二十五) 二・二十八	27	帰国。

	三・十六		高等師範学校教授兼文科大学教授。
	五・十三		『教育に関する攻究』(金港堂)を出版。
	十・十四		雪子と結婚。(沢柳政太郎の妻はつの妹)。子どもは出来ず。
	十二	28	「明治二十六年尋常師範学校、尋常中学校、高等女学校教員学力試験委員」(文部省辞令)
一八九三年(明治二十七)	一・二十六	28	京都、滋賀の尋常師範学校、尋常中学校に出張。
	二		中学学則取調委員。
			肺患。
	九・九		帝大教授依願免官。
一八九四年(明治二十七)	五・二十八	29	高師教授非職。
	八・二十		死去。

著者　平田　宗史（ひらた　むねふみ）
宮崎県川南町トロントロンに生まる。（1939年）
福岡教育大学教授・教育学博士
主著
『明治地方視学制度史の研究』（風間書房　1979年）
『教育汚職－その歴史と実態－』（溪水社　1981年）
『教科書でつづる近代日本教育制度史』（北大路書房　1991年）
『福岡県教員養成史研究（戦前編）』（海鳥社　1994年）
『エム・エム・スコットの研究』（風間書房　1995年）
『福岡県教員養成史研究（戦後編）』（海鳥社　1998年）
『欧米派遣小学師範学科取調員の研究』（風間書房　1999年）
ほか

日本の教育学の祖・日高真實伝

2003年2月1日　発行

著　者　平田　宗史
発行所　㈱溪水社
広島市中区小町1-4（〒730-0041）
電話（082）246-7909／FAX（082）246-7876
E-mail: info@keisui.co.jp
URL: http://www.keisui.co.jp

ISBN 4-877440-734-X　C 3037